山下真一の

「深い学び」をつくる
社会科授業

6年

山下真一 著
筑波大学附属小学校

東洋館出版社

まえがき

　平成 32 年度から新しい学習指導要領が小学校で全面実施となる。今回改訂された学習指導要領では，教科の目標や内容の示され方は大きく変わったが，教育内容は従来とほとんど変わらなかった教科が多い。その中で，社会科は，学年間の教育内容の入れ替え，指導する順番を改めるなど大きく変わった教科の一つである。第 6 学年では，政治学習を歴史学習より先に行うことになり，まず日本国憲法の基本的な考え方から学ぶことになった。

　そのためであろうか，学習指導要領解説の社会編は，30 年 3 月に書店に並ぶとすぐに品薄状況が続いた。それは，多くの教師が今回の社会科の改訂に関心が高かったからだと思われる。

　本書は，今回の改訂で目玉とも言われている「主体的・対話的で深い学び」や「社会的な見方・考え方」など新しい学習指導要領によって変わった点に着目するとともに，社会科の本質的な学びについて問い直したいと考えた。

　例えば，「主体的・対話的で深い学び」とはどのような学びなのか。また，教師はどのような授業づくりを行えばよいのか。さらに，その鍵となる「社会的な見方・考え方」をどのように働かせると学びの質が高まっていくのかについて考えてみたい。

　また，本書が求めるところは，子どもが「面白い」「楽しい」と思う授業づくりの工夫でもある。子どもがわくわくどきどきする授業，子どもが集中して取り組む授業づくりの基礎・基本についても授業を通して考えてみたい。「社会科って面白いね」「社会科は楽しみ」と子どもたちが言ってくれる授業をつくるために，本書を活用していただけたらうれしい限りである。

2019 年 5 月

山下　真一

目　次

まえがき ………………………………………………………………… 1

I章　社会科授業と「深い学び」

1 未来を担う社会科の授業 ……………………………………… 6

2 社会科の本質に迫る授業 ……………………………………… 17

3 「面白い」「楽しい」社会科の授業をつくる ……………… 23

4 授業をデザインする
　　〜授業構造図をつくる〜 ……………………………………… 27

II章　深い学びが生まれる社会科授業

1 ウルトラマンは正義の味方か？
　　〜日本国憲法と政治の仕組み〜 …………………………… 36

2 憲法って何だろう？
　　〜日本国憲法とわたしたちのくらし〜 …………………… 53

3 源義経と壇ノ浦の戦い
～武士による政治の始まり①～ ………………………………… 66

4 鎌倉に寺が多いのはなぜだろう？
～武士による政治の始まり②～ ………………………………… 78

5 竹崎季長はなぜ命がけで戦ったのか？
～武士による政治の始まり③～ ………………………………… 93

6 真田幸村と大坂の陣
～江戸幕府の始まり①～ ………………………………………… 106

7 天草四郎と島原・天草一揆
～江戸幕府の始まり②～ ………………………………………… 119

8 明治維新で一番活躍した人はだれか？
～新しい時代の幕あけ～ ………………………………………… 140

I 章
社会科授業と「深い学び」

1 ── 未来を担う社会科の授業

1 社会科の授業で育てたい子ども

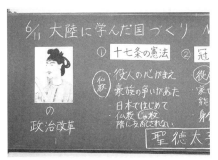 

　6年生の社会科「聖徳太子の政治改革」の授業。聖徳太子が行った政策を調べた後の話し合いである。
「聖徳太子はどのような政策を行いましたか？」
「十七条憲法をつくって，役人の心構えを示しました」
「能力ある豪族を役人に取り立てるために冠位十二階をつくりました」
「遣隋使を中国に送り，進んだ政治の仕組みや文化を取り入れました」
「法隆寺・四天王寺などの寺を建立し，仏教を広めました」
　子どもたちは，聖徳太子が行った政治改革を発表する。どんな改革なのか？ その原因は？　そして結果は？　など調べたことを黒板に整理していった。そして，これらの改革に共通することを話し合った。すると，隋の政治の仕組みを取り入れていることや仏教の考え方を政治に取り入れていることが分かった。
　しかし，これで終わるといつもの授業と変わらない。子どもが調べたことを

I章　社会科授業と「深い学び」

発表し，それをまとめて終わりの授業である。このような授業でどの子も熱中するだろうか。正直言って，聖徳太子に特別に興味をもっている子どもしか授業に乗ってこない。でも，この授業は少し違う。ここで，次のように発問した。

聖徳太子が一番大切だと考えた政治の改革は何ですか？

この問いに，子どもたちは少し戸惑いを見せた。でも……。
「新しい文化を取り入れることが必要だったので遣隋使です」
「聖徳太子は仏教を厚く信仰していたので仏教を広めることだと思います」
「豪族の権力をなくすことが重要だったので冠位十二階だと思います」
など，いきなりスイッチが入ったかのように子どもたちは口を開き始めた。子どもたちは友達の発言を聞き，こうも考えられるのではないかと様々な意見が飛び交った。子どもたちは，教師の問いに引き込まれていった。
　これらの政策を年代順に並べたり，聖徳太子の理想を調べたりしながら自分の考えを深めていった。さらに，最近，話題になっていることを質問した。

聖徳太子はいなかったのか？

この意外な問いに，子どもたちは興味津々であった。まず，聖徳太子がいなくてはならない意味を考えてみる。教科書を開けてみる。すると，「天皇中心の国づくり」の言葉が目に入ってくる。この天皇中心の国づくりが進められたことに

ついて考えてみると，聖徳太子が存在していなくてはならないことが分かる。つまり，聖徳太子は名前はどうであろうが，この偉業を行っていた人物がいなくてはならないことが分かる。このように，少しだけ歴史のミステリーに足を踏み込んでみると，子どもたちは答えが知りたくなって意欲的になる。対話が

7

広がる。様々な見方や考え方が生まれるのである。

　社会科の授業は，人々の願いや意味を考えていくことを通して，よりよい社会生活を営んでいく資質・能力を培っていくことを目的にする。つまり，社会科の教科としての役割は，単に知識を暗記することではなく，仲間とともに社会でよりよく生きていくための資質や能力を育むことにある。そのとき，鍵になるのが子どもが「社会的な見方・考え方」を働かせて社会の意味を考えることである。この「社会的な見方・考え方」を働かせ，学びの本質に迫っていくことが深い学びなのである。

2　新しい時代を生きる力を育む～学習指導要領の2030年～

　「21世紀を生きる力を育てること」が学校教育の課題である。生きる力は，1996年に中央教育審議会の「21世紀を展望した我が国の教育の在り方について」という諮問に対する第1次答申の中で，教育の新たな目的の一つとして挙げられた。

　すべてのモノがインターネットにつながる「IoT」。様々な情報を得て蓄積された情報を利用する「ビッグデータ」。さらに，著しい進化を遂げている「人工知能（AI）」。そして，その人工知能が組み込まれた「ロボット」。社会の変化は非常なスピードで進んでいる。変化が激しく先のことが予測しにくい状況の中にあっても人間にはAIを使いこなしながら，よりよい人生や社会を創り出していく力が必要になる。例えば，感性を豊かに働かせながら「どのような未来を創っていくのか」「どのように社会や人生をよりよいものにしていくのか」という目的を考えること。あるいは，きまり切った答えではなく，答えのない

I章　社会科授業と「深い学び」

課題に対して，多様な他者と協働しながら目的に応じた答えを見い出すことである。

　目の前の子どもたちに求められるものは，予測できない変化に受け身になるのではなく，主体的に向き合って関わり合い，その過程を通して自らの可能性を発揮し，よりよい社会と幸福な人生の創り手となっていくことである。

　しかし，めまぐるしく変化していく複雑な現代社会。インターネットの普及にともなう情報社会化。2020年の東京五輪や外国人増加にともなう国際社会化・多文化共生社会化。21世紀の社会を生き抜くために必要な能力は大きく変わる。この変化の激しい時代に対応したのが新しい学習指導要領なのである。

　新しい学習指導要領は，小学校では東京オリンピック・パラリンピック競技大会が開催される2020年から，その10年後の2030年頃までの間，子どもたちの学びを支えることになる。新学習指導要領では，これからの複雑で変化の激しい時代を生きていくためには，どのように生きるかだけではなく，次のように生きていくことが大切だと示している。

・様々な情報や出来事を受け止め，主体的に判断することができる。
・自分を社会の中でどのように位置づけ，社会をどう描くかを考えることができる。
・他者と一緒に生き，課題を解決していくことができる。

　そのためには，次のような資質や能力が必要であるという。

・平和で民主的な国家及び社会の形成者として求められる力
・生産や消費などの経済的主体等として求められる力
・安全な生活や社会づくりに必要な資質・能力
・急速に情報化が進展する社会の中で，情報や情報手段を主体的に選択し活用していくために必要な情報活用能力
・物事を多角的・多面的に吟味し見定めていく力（「クリティカル・シン

9

キング」)
・統計的な分析に基づき判断する力
・思考するために必要な知識やスキル　など

3 「主体的・対話的で深い学び」が学びの質を高める

　　　　　　　　　　　子どもたちにAIではできない，人間でしか生み出せない価値を創造する力をいかに育むかが新学習指導要領に盛り込まれることになった。そして，AIには決してまねのできない「人間ならでは」の学びを培っていくために導入されたのが「主体的・対話的で深い学び」である。

　「アクティブ・ラーニング」は，教員による一方通行の授業から，子ども自身が主体的・能動的に参加する授業・学習へ改善することとして取り上げられた。例えば，発見学習，体験学習，ディベート，教室内でのグループディスカッション，問題解決学習，調査学習，グループワークなどである。しかし，これらの学びは，小学校などではすでに行われている学習方法である。また，「アクティブ・ラーニング」という言葉が形式的に対話型を取り入れた授業や特定の指導の型を目指す授業の改善として間違った意味で広まった。

　そこで，子ども一人一人の個性に応じた多様で質の高い学びを引き出すなど学習の在り方そのものの問い直しを強調するために「主体的・対話的で深い学び」という言葉に変わったのである。

　この「主体的・対話的で深い学び」は，次の三つの観点が考えられている。

「主体的な学び」……学ぶことに興味や関心を持ち，見通しを持って粘り
　　　　　　　　　強く取り組み，自己の学習活動を振り返って次につ
　　　　　　　　　なげる学び。

I章 社会科授業と「深い学び」

> 「対話的な学び」……子ども同士の協働，教師や地域の人との対話などを手掛かりにして自己の考えを広げ深める学び。
> 「深い学び」…………教科の特質に応じた「見方・考え方」を働かせながら，知識を関連付けてより深く理解したり，情報をくわしく調べて考えをつくったり，問題を見いだして解決策を考えたり，思いや考えを基に創造したりする学び。

学びの質は，子どもたちが主体的に学ぶことで高まる。多様な人との対話で考えを広げることによって高まる。また，自分の人生や社会の在り方を結びつけたり，各教科等で身に付けた資質・能力を様々な課題の解決に生かすよう学びを深めたりすることによって高まると考えられている。だから，この学びの質を高めるための授業改善の視点が「主体的・対話的で深い学び」なのである。

主体的な学びは，子どもが学習課題を把握しその解決への見通しをもつことが必要ある。そのためには，教師は動機付けや方向付けを重視したい。また，学習内容・活動に応じた振り返りの場面を設けて子どもたちの表現を引き出すようにしたい。対話的な学びでは，学校の中だけでなく，実社会で働く人々の話を聞く活動などの充実が求められる。そして，この「主体的な学び」「対話的な学び」を「深い学び」につなげていくためにその鍵となるのが「見方・考え方」である。

社会科の目標も次のように改善された。

「**社会的な見方・考え方を働かせ**，課題を追究したり解決したりする活動を通して，グローバル化する国際社会に主体的に生きる平和で民主的な国家及び社会の形成者に必要な公民としての資質・能力の基礎を養う」

4 「社会的な見方・考え方」を働かせる

(1) 「社会的な見方・考え方」とは何か

　今回の学習指導要領の改訂で注目されたことは，内容よりも資質・能力を重視して改訂されたことである。つまり，子どもたちが学びを深めていく中で，どのような視点で物事をとらえ，どのように思考していくのかという「見方・考え方」を育てることが大切だという。

　社会科では，この「見方・考え方」を「社会的な見方・考え方」と呼び，課題を追究したり解決したりする活動において社会事象等の意味や意義，特色や相互の関連を考察したり，社会に見られる課題の解決に向けて構想したりする際の視点や方法のことをいう。

> 　また，児童一人一人に「社会的な見方や考え方」が養われるよう，社会的事象を比較・関連付け・総合して見たり考えたり，社会的事象を空間的，時間的に理解したり，公正に判断したり多面的にとらえたりできるようにすることが大切である。そのためには，児童一人一人が社会的事象を具体的に観察・調査したり，地図や地球儀，統計，年表などの各種の基礎的資料を効果的に活用したり，調べたことや考えたことを表現したりできるように，問題解決的な学習や体験的な活動，表現活動などを工夫する必要がある。　　（小学校学習指導要領（平成20年告示）解説　社会編 p.106）

　このように，これまでの学習指導要領解説にも示されているように，この「社会的な見方・考え方」を育てることは，これまでも社会科の課題であった。そもそも社会科は「社会的な見方や考え方」を養いながら，教科目標である「公民としての資質・能力」の基礎を育てる教科である。しかし，この「社会的な

Ⅰ章　社会科授業と「深い学び」

見方・考え方」は、その全体像が不明確で、それを養うための具体策も定着していなかった。前述の学習指導要領の解説にも社会科で育てるものであり、このような活動を通じて育まれるということは述べてあるが、具体的な点がよく分からなかった。このた

めに、「社会的な見方・考え方」は現場になかなか浸透しなかった。

(2)　**育てるから働かせる「社会的な見方・考え方」**

　「社会的な見方・考え方」は、社会科の本質的な学びを促し、深い学びを実現するための思考力、判断力の育成はもとより、生きて働く知識の習得になくてはならないものである。また、子どもが主体的に学習に取り組む態度や学習を通して涵養される自覚や愛情等にも作用する。すると、この「社会的な見方・考え方」は、資質・能力全体に関わるものであるともいえる。そのために従来の「社会的な見方・考え方」を育てることにとどまらず、「社会的な見方・考え方」を授業の中で働かせることになったのである。

　そこで、今回の改訂では、社会科の目標に「社会的な見方・考え方」を「**働かせ**」というように、これまでより一歩踏み込んだ形で示されることになったのであろう。しかし、だからといって3年生の子どもがいきなり「社会的な見方・考え方」を働か

せることは無理である。「社会的な見方・考え方」は、子どもに意識させることや発達段階に応じて育てていくことが大切である。

(3)　**「社会的な見方・考え方」の役割**

　「社会的な見方・考え方」は、小学校では、社会的事象を位置や空間的な広がり、時期や時間の経過、事象や人々の相互関係などに着目してとらえ、比較・分類したり、総合したり、地域の人々や国民の生活と関連づけたりすることを社会的事象の見方・考え方とし、論点整理では次のように整理している。

13

① 「社会的な見方・考え方」として考えられる視点
　○位置や空間的な広がりの視点
　　地理的位置，分布，地形，環境，気候，範囲，地域，構成，自然条件，社会的条件，土地利用など
　○時期や時間の経過の視点
　　時代，起源，由来，背景，変化，発展，継承，維持，向上，計画，持続可能性など
　○事象や人々の相互関係の視点
　　工夫，努力，願い，業績，働き，つながり，関わり，仕組み，協力，連携，対策・事業，役割，影響，多様性と共生（共に生きる）など
② 社会的事象の見方・考え方とは
　社会的事象を 「位置や空間的な広がり」「時期や時間の経過」
　　　　　　　　「事象や人々の相互関係」　　　 に着目して捉え
　比較・分類したり総合したり地域の人々や国民の生活と関連付けたりすること
　　　　○社会的事象の特色や相互の関連，意味を多角的に考察する力
　　　　●社会に見られる課題について，社会への関わり方を選択・判断する力
③ 視点を生かした，考察や構想に向かう「問い」の例
　○どのように広がっているのだろう？
　○なぜこの場所に集まっているのだろう？
　○地域ごとの気候はどのような自然条件によって異なるのだろう？
　○いつどんな理由で始まったのだろう？
　○どのように変わってきたのだろう？
　○なぜ変わらずに続いているのだろう？
　○どのような工夫や努力があるのだろう？
　○どのようなつながりがあるのだろう？
　○なぜ△△と□□の協力が必要なのだろう？
　●どのように続けていくとよいのだろう？
　●共に生きていく上で何が大切なのだろう？

⑷ 多面的・多角的に考える子どもを育てる

　社会的事象に関心をもって多面的・多角的に考え，公正に判断する能力と態度を養い，「社会的な見方・考え方」を成長させることは，これまでの学習指

導要領においてもその充実が図られてきた。しかし，主体的に社会の形成に参画しようとする態度の育成や，資料から読み取った情報を基にして社会的事象について多面的・多角的に考え，表現することについては，新学習指導要領でもさらなる充実が求められることになった。「社会的な見方・考え方」を成長させるためには，社会的事象に関心をもって多面的・多角的に考える力を養うことがポイントの一つである。

では，この「多面的・多角的に考える」とは，具体的にはどのようなことなのだろうか。

中学校における新学習指導要領解説社会編（平成29年）では，「多面的・多角的に考える」とは，学習対象としている

社会的事象自体が様々な側面をもつ「多面性」と，社会的事象を様々な角度からとらえる「多角性」とを踏まえて考えることだと説明している。つまり，「多面的に考える」とは，学習の対象がもつ様々な面に着目して考えることである。例えば，東京都の様子を考える場合，人口分布，交通網，地形，土地利用という様々な側面からその特色を考えることである。一つの見方だけでなく，多面的に東京都の様子をとらえることで，東京都の様子をより深く理解することができるのである。

また，「多角的に考える」とは，学習の対象を様々な角度からとらえることである。例えば，千代田区や中央区は他の区に比べて人口が少ないという事実がある。その理由について，地形との関係（立場）から考える，土地利用との関係（立場）から考える，交通との関係（立場）から考えるというように複数の関係（立場）でとらえることである。すると，問題点や課題がより明確になってくるのである。つまり，「多角的に考える」とは，子どもが複数の立場や意見を踏まえて考えることだといえる。この「多角的に考える」は，学年が上がるにつれて少しずつ考え方が深まるようにしたい。

⑸ 「社会的な見方・考え方」を働かせるポイント

　子どもから「社会的な見方・考え方」を引き出し，働かせるために次のような手立てが大切である（私案）。

---

(1) 「社会的な見方・考え方」とは何かを理解し，授業を構成する。

(2) この授業に必要な「社会的な見方・考え方」を育てておく。

(3) 「社会的な見方・考え方」を働かせる教材を工夫する。

(4) 「社会的な見方・考え方」を引き出す問いを吟味する。

(5) 授業の中で子どもが表出した「社会的な見方・考え方」を価値づける。

(6) 授業後，表現するとともに，自分の見方や考え方を評価する場を設ける。

I章　社会科授業と「深い学び」

2 ── 社会科の本質に迫る授業

1　社会科で何を学ぶのか

　社会科は，人が社会の中で生きていくために，その生き方を学ぶ教科である。子どもたちは，これからの自分の人生を生きていく中で，様々な困難に立ち向かう。時にはつまずいたり立ち止まったりもする。投げ出したり逃げ出したりするかもしれない。しかし，生きていくためには，それらの困難を乗り越えていかなければならない。方法はいくらでもある。友達から教えてもらう。大人の助けを借りる。でも，人の言いなりになったり，代わりにやってもらったりしては何にもならない。自分の力で解決していかなければ意味がない。自分の力で解決できる人は，どんなハードルが目の前にあっても必ず乗り越えていくことができる。自分の力で解決できると，自信がもてる。やりがいを感じる。喜びや満足感がもてる。そして，そのことが新しい力になる。生きていく上の勇気になる。このように，社会で生きていく力を子どもに培うのが社会科なのである。

2　社会科の本質とは何か

　社会科の本質とは何か，一言で言えば，子どもに「公民としての資質・能力」を育てることといえる。このことは社会科の目標でもある。「公民としての資質・能力」とは，子どもが一人前の大人として，よりよい社会を願い，生きていく

17

力のことだと考えることができる。ただ，社会では人は一人で生きていけない。他者とかかわりながら生きていくのである。すると，「公民としての資質・能力」とは，みんなで社会を生きていくための知恵と言い換えることができる。また，具体的には，科学的に社会を理解し，それを通して市民として生活するための資質・能力を育てることでもある。今回の学習指導要領の改訂では，目標の中の「公民的資質」が「公民としての資質・能力」に代わった。それは，主権者としての意識をもった「主となる民」，つまり公民を育てることを意識して表したことだといわれる。

一方で，今回の改訂でも解説書には，これまでの「公民的資質」の意味も引き継がれると記されている。と，いうことは，「公民としての資質・能力」をもつ子どもとは，これまで同様，次のような子どもの姿がイメージできる。

- 平和で民主的な国家・社会の形成者として自覚すること
- 自他の人格を互いに尊重し合うこと
- 社会的義務や責任を果たそうとすること
- 社会生活の様々な場面で多面的に考えたり，公正に判断したりすること

また，「公民的資質」という文言が使われるようになった頃，次のような推進力（信念）が必要だと述べられていた（小学校社会科学習指導要領　補説，昭和23年9月発行）。

① よりよい社会（人々の幸福）に強い熱意があり本質的な関心をもつこと。
② 様々な不正に対して反発すること。
③ 人や民主主義に対して信頼すること。

I章 社会科授業と「深い学び」

> ④ 人は賢明な協力があれば様々な問題を解決できることを理解していること。

　このことは，子どもがよりよい社会（人々の幸福）に対して強い熱意をもち，本質的なものに関心をもつことや仲間との協働が求められていることを意味している。つまり，子どもが社会の本質を理解し，責任ある自分の考えをもつこと，仲間と合意しながら考えを創り上げていることが根底にあることが求められているのである。

　ところで，新学習指導要領には，「公民」としての資質・能力を促すためには，「『社会的な見方・考え方』は，社会科，地理歴史科，公民科の本質的な学びを促し，深い学びを実現するための思考力，判断力の育成はもとより，知識の構造化に不可欠である」と記されていることに注目したい。すると，授業の中で，社会科の本質に迫る子どもとは，問題解決の中で「公民としての資質・能力」を働かせている子ども，すなわち，「社会的な見方・考え方」働かせている子どもの姿ととらえることができる。

　つまり，「公民としての資質・能力」に迫る姿とは，子どもが進んで問いをもって解決に取り組む姿である。残念ながら日本の子どもは，学習への意欲が他国の子どもに比べて大変低いといわれている。最近の子どもたちは，「よい成績をとりたい」という意欲や，「がんばればよい成績がとれる」という自己効力感が低いのである。

　また，「公民としての資質・能力」に迫る姿は，仲間とかかわりながら自分の考えを確かにしていく姿でもある。社会科として大事なことは，一人一人が勝手に考えを創り上げていくことではなく，様々な個人の考えを認め合い，みんなで考えを創り上げていくことが大切なのである。そして，最後に薄っぺらな考えで満足するのではなく，深い考えを獲得していく姿が求められる。それ

は，まさに新学習指導要領の柱となる社会科の授業の中での「主体的・対話的で深い学び」の子どもの姿と重ねることができる。

つまり，社会科の本質に迫る子どもとは，子どもが責任ある（他人事ではない）考えや，参画意識をもつ子どもである。また，仲間同士で合意を創り上げていく子どもである。その根底には，真剣に問題に立ち向かうことや，仲間とともに社会を創り上げていこうとする強い意識をもつことが根底になくてはならない。

3 社会科の本質に迫る子ども

(1) 「問い」をもち，主体的に問題解決する子ども

社会科の授業では，子どもが自ら「問い」をもつことが何よりも大事である。「どうしてだろう」「なぜだろう」という疑問を一人一人の子どもがもつことである。問題解決学習においては，子どもが「問い」をもつことができたら，問題解決学習が成立したと言っても過言ではないという人もいるほどである。しかし，その問いは単なる思いつきやひらめきではいけない。「その答えが知りたい」「なぜなのか訳を知りたい」という強い問題意識や意欲に支えられた「問い」でなくてはいけない。

つまり，教師が示した課題ではなく，子どもが自ら「問い」をもち，物事の本質を追究しようとすることである。

すると，授業では，教師は子どもが追究したくなる教材や発問を工夫することが必要になる。さらに，多様な活動を用意するなど，様々なしかけを工夫することで，子どもが社会科の本質に迫るための問題意識を高めるようにしたい。

ただ，最近の子どもは昔の子どもとは興味・関心がかなり違う。かつて「問い」をもたせる手立てとして，定石のように面白い問題，切実な問題を用意することが大切だと言われてきた。しかし，今の子どもにとって身の回りにそん

なに切実な問題や面白い問題があるのかという疑問を唱える人もいる。インターネットをはじめとする情報が溢れる社会の中で、子どもにとって未知の問題や切実な問題は容易に見つからないのが現実ではないだろうか。

そのために、今、求められていることは、子どもが目の前にある問題を自分の「問い」として真剣に受け止めることができるかどうかである。教師から与えられた課題だけでなく、子どもが主体的に問題をとらえられる心構えをもつように育てていくことも大切である。

(2) **仲間とかかわり、よりよい自分の考えを創り出す子ども**

仲間とのかかわりの中で、よりよい自分の考えを創り出すようにすることが大切である。それは、自分の考えをきめるためでもある。そのためには、知識や経験と事実を結びつけ、根拠をもった考えを生み出すことが求められる。

6年生の「天下統一」の授業で、ある子どもが、
「秀吉は、天下を統一するために検地や刀狩りなどの政策を行いました。それは、秀吉が農民出身だったので、出世したいという気持ちが強く、たくさんのアイデアをもっていたからだと思います」
という考えをもった。この子どもは、秀吉の業績を生い立ちと結びつけ、秀吉の人柄を予想しているのが分かる。これまでの自分の獲得した知識や体験を事実と関連づけて、新たな自分の考えをもつことができたのである。

授業の中で、子どもたちはいろいろなことを考える。しかし、それらの考えは、「思いつき」や「ひらめき」のことが多く、新たな発想や価値を生み出すことは希である。そこで、友達とともに学び合いながら、社会事象の意味や価値について自分の考えを深めることを大切にしたい。「自分らしさ」を友達から認められることや、友達の「その人らしさ」を自分と違うからこそ認めようとすることは、自分自身の意欲や自信につながるとともに、自分の考えを深めることになるからである。

21

(3) 「社会的な見方・考え方」を働かせる子ども

　「社会科的な見方・考え方」は、小学校では、社会的事象を位置や「空間的な広がり」「時期や時間の経過」「事象や人々の相互関係」などに着目してとらえ、「比較・分類」したり、「総合」したり、地域の人々や国民の生活と「関連付け」したりすることとされている。社会科の本質に迫る子どもを育てるためには、この「社会的な見方・考え方」を授業の中で働かせるようにしたい。

I章　社会科授業と「深い学び」

3 ── 「面白い」「楽しい」社会科の授業をつくる

子どもが「社会科が好き」という授業とはどのようなものなのか。

子どもは，教えてもらうことより，自分から進んで調べたり考えたりすることが好きである。また，子どもが好きな授業は，子どもが「面白い」「楽しい」と感じる授業である。つまり，子どもが「面白い」「楽しい」という授業とは，「なぜだろう」「不思議だな」という問題意識がもてる授業である。また，「答えを知りたい」「早く見つけたい」「もっと知りたい」と追究したくなるような授業である。つまり，子どもがわくわくどきどきする授業である。

社会科の授業は教材が命である。「今日の授業は面白かった」と，子どもが思うような教材を用意したい。最近，いろいろな研究会に参加してみても，面白いと感じる授業に出会うことが少なくなくなった。せめて「研究発表会」や「提案授業」では，教師がこだわりをもった教材を開発して授業を展開してほしい。社会科だからこそ，様々な教材を開発できるのに残念な話である。

また，指導案を見ても同様である。指導案から授業者の熱い思いが伝わってこないのである。解説書の引用や指導書の書き写しのような文章が多くなっているような気がする。社会科の指導案には，参観者が「面白い」「すごい」と思うような教材観を主張してほしいと思う。

そのためには，授業者は，誰よりも授業で扱う教材については，研究を深めておかなければならない。多くの書物や文献を読むことや，実際に現場に行っ

23

て資料を収集したり，写真を撮ったりすることが大切である。
　私は，「面白い」「楽しい授業をつくるポイントを次のように考えている。

> (1) 子どもにとって「面白い」「楽しい」教材をつくる
> (2) 子どもの考え方に寄り添った問題解決学習をつくる
> (3) 子ども同士で高め合う授業をつくる

1　子どもにとって「面白い」「楽しい」教材をつくる

　残念なことに「社会科が嫌い」という子どもが実に多い。「覚えることが多い」「よく分からない」「難しい」と，子どもたちは答える。それは，社会科の授業が「面白くない」「楽しくない」からである。

　社会科の授業は，「公民としての資質・能力」を育むために綿密に内容が構成されている。不易と流行と言うように，それらの内容の中には何十年も変わらないものがある。時代は大きく変わっているのに，社会を見る切り口はそのままなのである。もちろん社会生活を理解する上で大事な内容だから変わらないのであるが，果たして小学生が興味や関心をもてるだろうかという内容もある。しかし，それらの内容を教えていくのが教師の仕事である。今の子どもたちは，昔と違って知識が豊富で，教科書に書かれていることをそのまま教えても意味がない。子どもが「面白い」「楽しい」と感じる授業にならないのである。すると，子どもが「面白い」「楽しい」という授業をつくるためには，教える内容と子どもの興味や関心を結びつけていく教材の開発が鍵になる。

　いつの間にか教材に引き込まれていくような授業，それこそが「面白い」「楽しい」授業である。

I章 社会科授業と「深い学び」

2　子どもの考え方に寄り添った問題解決学習をつくる

かつて「問題解決学習の形骸化」といわれたときがあった。しかし，最近では形骸化どころか，問題解決学習そのものをよく理解していない教師も多い。そのために，学習問題を立てても子どもに何を調べさせてよいかが分からない，調べる内容を調べる前に指示してしまう教師も多くなっている。これは，残念ながら社会科の研修が不足し，指導書通りに授業を進めるのがよい授業だと勘違いしている教師が多くなったことにもよる。例えば，学習問題をつくるのは10分のときもあれば，20分のときもある。時には30分かかることもある。つまり，活動をパターン化することではなく，子どもの思考に寄り添いながら新たな考えを生み出していくことが大事なのである。

3　子ども同士で高め合う授業をつくる

最近，本当に少なくなったとつくづく思うのは（自分の反省も含めて）子ども同士が学び合う授業である。参観した授業のほとんどが，子ども―教師―子ども―教師のキャッチボールで終わることが多い。しかし，かつては教師の問いに対して，子ども同士が意見をぶつけ合う授業がたくさんあった。

子どもが様々な自分の考えをもつようにするためには，事実（社会的事象）と事実を比較したり，関連づけたり，総合的に考えたりする思考方法を重視したい。そのためには，次のような手立てが有効である。

① 具体的な事実を追究させることで，多様な見方・考え方を引き出すようにする。
② 自他の考え方の違いを明確にするために，選択場面を取り入れるようにする。

25

③ 事実を確認し，多様な考えを解釈した後に独自の価値判断ができるようにする。

④ 多様な価値判断を認め，子どもの考えの責任性を問い続けながら問題解決を行うようにする。

4 — 授業をデザインする
〜授業構造図をつくる〜

1 目標，学習問題，評価が一体となった授業（単元）をつくる

　指導案を作成する場合，教師は授業の目標を正しくとらえておくことが大切である。

　例えば，第6学年の「聖徳太子が目指した国づくり」では，学習指導要領（社会）に次のような内容が示されている。

> 「大陸文化の摂取」について，人物の働きや代表的な文化遺産を中心に年表や絵図，資料などを活用して調べ，大陸の文化や技術を摂取しながら天皇を中心とした政治が確立されたことを理解するようにする。

　しかし，時にはこの文章をそのまま書き写しただけの指導案に出会うことがある。そのような指導案では，参観者は授業者が何を考えているのかよく分からない。第6学年の歴史の授業では，取り上げる資料や活動によって子どもの学びが違ってくる。どのような資料を使うのか，どのような活動を行うのか，そして子どもの何を育みたいのかを子どもの実態に合わせて，目標を具体的に書くようにしたい。

　また，社会科は，問題解決学習を通して，社会的事象の意味を考える教科である。すると，指導案をつくる場合，「学習問題」の良し悪しが授業の成功を

大きく左右する。

　「学習問題」とは，子どもたちが学習を深めていくとき，中心となる「問い」である。「学習問題」は，「問い」を追究していくと単元（本時）の目標に到達できるように設定するようにしたい。それは，「学習問題」が授業の目標・評価と深くかかわっているからである。プロの教師は，指導案の「学習問題」を見ただけで，授業が成功するか失敗するかが分かるので，「学習問題」は授業をつくるときに最も重要課題としたい。

　また，目標は，評価と表裏一体なので，この三者は常に関連づけながら指導案をつくるようにしたい。

2 「子どもの意識の流れ」をつなぐ授業の流れになっているか

　授業を構成していく場合，一般に次のように授業の流れを考えていく。

(1) 単元の中で本時の授業で子どもにつかませたい目標を設定する。
(2) 本時の目標を達成できる「学習問題」をつくる。
(3) 子どもの意識の流れを考えながら，具体的な発問を考える。

　その際，(3)の「子どもの意識」の子どもがどう考えるか，どう感じるかをイメージしながらどのような発問をするとよいのかを考えるようにしたい。

T：聖徳太子が一番大切だと考えた政治の改革は何か？（「学習問題」）
C：遣隋使だと思います。
T：なぜそう思ったのですか？
C：新しい文化を取り入れることが必要だったのだと思います。
T：遣隋使と十七条憲法はどっちが重要なのだろう？

> C：十七条憲法も中国の政治の仕組みを取り入れたのではないかな？

　子どもだったらどのように考えるかを子どもが考える筋道を思い描きながら，教師と子どもの発問をつなげていく。
　時には，
「遣隋使と十七条の憲法はどっちが重要なのだろう？」
などと，子どもの立場になって発問を変えていくことも大切である。
　次に，発問と子どもの意識をつなげながら，子どもは目標を達成することができるかを吟味する。また，子どもの思考がずれたときや分からなくなったとき，どのような発問を用意したらよいか，または，どのような資料を提示するとよいかを考える。このことは，指導案の指導上の留意点に記しておくようにする。
　このように発問をつなげて授業の流れを構成する考え方は，教師ならば必ず身につけておきたい指導技術の一つである。
　また，学習の流れだけでなく，活動についても子どもの意識に目を向けておくことも大切である。書くだけの活動，話し合いばかりの活動だけでは，子どもは活動に飽きてしまう。言語活動，表現活動などの活動を効果的に組み合わせながら授業を組み立てるようにしたい。

3　45分の問題解決学習の流れ
　～6年　聖徳太子が目指した国づくり～

(1)　ねらい

　聖徳太子の行った政治の改革について，教科書や資料集，その他の資料を活用して調べ，聖徳太子が一番大切だと考えた政治の改革について話し合い，聖徳太子が目指した国づくりについて考える。

(2) **展開**

	学習活動と内容（指導案）	実際の子どもの活動	〈子どもの意識の流れ〉
教材に出会う（問題意識を高める）	1　聖徳太子が行った政治改革について話し合う。 (1)　改革の内容を整理する。 (2)　比較，関連づけを行い，共通することを考える。	・冠位十二階 ・十七条の憲法 ・遣隋使（小野妹子） ・仏教を広めた ・仏教の教え ・隋の政治の仕組み	○聖徳太子が行った政治を振り返る。
↓	2　学習問題を設定し，聖徳太子の願いを話し合う。	・実力ある人の登用 ・初めての法律 ・隋の文化の取り入れ	○「学習問題」を立て，調べる計画を立てる。
「学習問題」を立てる	聖徳太子が一番大切だと考えた政治の改革は何か？	・仏教を深く信仰	
（予想する）学習の計画を立てる	(1)　聖徳太子の考えを予想し，その理由を話し合う。 (2)　年表に並べて整理し，関連性を考える。	・法隆寺は，遣隋使後に建立 ・遣隋使は 607 年より前から	○内容を比較，関連づけて共通なことを考える。
↓ 問題を追究する（調べる） ↓	(3)　聖徳太子が一番大切だと考えた理由を話し合う。	・平和にしたい ・仕組みや文化 ・仏教を大事に	
問題を解決する（価値判断・意思決定）	3　「太子がいなかった」は本当か？　太子への考えを深める。	・大化の改新 ・天皇中心の国家 ・優れた人物？	○聖徳太子について考えを広げる。

I章 社会科授業と「深い学び」

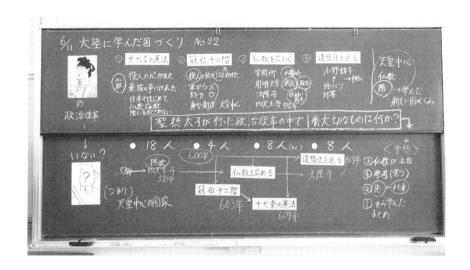

4 授業構造図をつくる

　授業は生き物である。何年教師をやっても計画した通りに授業が進むことはめったにない。授業はロボットが相手ではなく、目の前の子どもたちと授業を行っているのである。子どもは一人一人個性的で感じ方も考え方も違う。教師が考えた計画通りにいかないのは当たり前である。

　また、社会科の授業がうまくいかない、「学習問題」がつくれない、と考えている教師も多い。その原因の一つは、授業を時間の流れとして考えているだけで、構造的にとらえていないことが大きい。舞台の台本のようにきまり切った言葉が表れるとは限らないのである。そのためには、授業のポイントは何か、授業の落としどころはどこかをきちんととらえておくことが大切である。また、板書も事前に計画したことを穴埋めのように書いていくだけでは、子どもは授業の中で何が問題なのか、どれとどれとがつながっているのか、関連づけられるのかが分からなくなり、自分の考えを整理することができなくなる。

　そこで、板書計画や指導案を作成する場合、授業をデザインしていくことが大切である。授業を構造的に考えて授業構造図をつくるとよい。研究会などで、

31

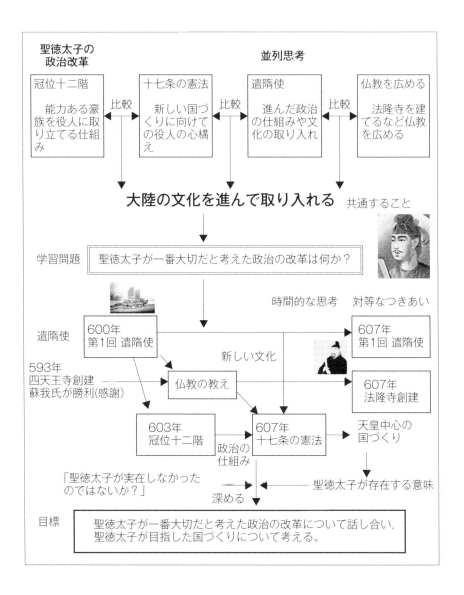

単元レベルでは，教材構造図をつくるかと思われるが，授業構造図は45分の授業のデザインである。授業構造図には，目標，「学習問題」，おさえるべき知識，子どもの反応などを矢印などを使って関連づけながら整理する。この授業

Ⅰ章　社会科授業と「深い学び」

ノートをつくっていると，授業の板書計画も容易である。子どもの言葉を拾って，学習の流れに沿って書くのではなく，構造的にまとめるようにしたい。授業構造図には，活用する資料もデータにして載せておくと，教師にとっても授業がより分かりやすくなる。

深い学びが生まれる社会科授業

1 ——

ウルトラマンは正義の味方か？

～日本国憲法と政治の仕組み～

1 「日本国憲法と政治の仕組み」とは

　本実践で取り上げる「日本国憲法と政治の仕組み」は，日本の民主政治は日本国憲法の基本的な考え方に基づいていることや，立法，行政，司法の三権がそれぞれの役割を果たしていることを理解することがねらいである。

　「政治の仕組み」では，日本の政治には国会に立法，内閣に行政，裁判所に司法という三権があること，それらは相互に関連し合ってそれぞれの役割を果たしていることをもとに日本の政治の仕組みについて理解することになる。

　政治の学習は，分かりにくい，面白くないとよく言われる。その理由は，細かな用語や仕組みを単に知識として覚える授業が主になっているからである。子どもが分かる，面白いと思う授業を行うためには，具体的な事例を取り上げながら，子どもが主体的に追究できるようにしたい。

2 主体的・対話的で深い学びを引き出す教材

(1) 社会科と主権者教育

　2015 年に公職選挙法が改正（2016 年 6 月 19 日施行）され，選挙権年齢が20 歳から 18 歳に引き下げられた。そのために，社会科の授業でも主権者教育を推進することになる。単に政治の仕組みについて必要な知識を理解するだけでなく，主権者として社会の中で自立し，他者と連携・協働しながら，社会を生き抜く力や地域の課題解決を社会の構成員の一人として主体的に担うことができる力を身につけさせるようにしたい。特に，政治学習では，政治が国民生

活の安定と向上を図るために大切な働きをしていることや，日本の民主政治は日本国憲法の基本的な考え方に基づいていることと関連づけて指導していくことが大切である。

(2) **裁判員制度をどのように取り上げるとよいか？**

　裁判員制度の施行から約10年が過ぎた。この10年，裁判員が行う裁判はテレビや新聞で取り上げられてきた。今や裁判員制度は，子どもにとっても大きな関心事の一つでもある。

　新学習指導要領では，内容の取り扱いに「裁判員制度」を扱うことが明記されている。つまり，国民が裁判に参加する裁判員制度を取り上げ，法律に基づいて行われる裁判と国民とのかかわりについて関心をもつようにすることである。この制度の実施に向けて現行の学習指導要領にも「国民の司法参加」が加えられている。その結果，全国で模擬裁判を扱った授業が様々な研究会で行われることになった。

　私もかつて模擬裁判を真っ先に行った一人である。しかし，模擬裁判は，子どもにとっては楽しい活動であるが，教師にとっては様々な難しい課題が残った。例えば，裁判員制度で扱う事件は，殺人罪，強盗致死傷罪など重大な犯罪である。そのために，模擬裁判で扱う内容を選ぶ場合，小学生の子どもにとって適切かどうかを判断することが難しいという課題が残った。私も，子どもの身近な生活をもとに裁判のシナリオを作成して模擬裁判を行ったが，シナリオをつくるためには専門的な知識が必要で，法曹専門家の協力を頼むことになった。素人の教師が一人で教材化をするのはかなり難しいというのが感想である。

　また，模擬裁判を扱った授業は数多く提案されたが，模擬裁判の準備が大変だったこともあり，その後は裁判員制度の仕組みを理解する学習が主になっていった。また，このような課題を克服して模擬裁判を行うよりも，法・ルール・きまりなどの基本的意義や価値を学ぶことの方が小学生には大切ではない

かと考えた。しかし、小学校では裁判員制度の仕組みだけを詳しく学ぶのではなく、法やルールの必要性やあり方を理解するなど、裁判員制度への関心をもたせ、裁判員として健全な良識をもてるようにしたい。

そこで、本実践では、子どもが法律に基づいて行われる裁判と国民のかかわりに関心をもつためには、裁判員制度や法の基礎的な考え方をどのように取り上げたらいいのかを提案することにした。

(3) 裁判員制度とは何か

① 裁判員制度が始まる

2005年、渋谷のパルコ劇場で三谷幸喜作「12人の優しい日本人」という舞台が上演された。これは、1990年に東京サンシャインボーイズの手によって初演、1991年に再演、1992年に再々演されて以来、13年ぶりに舞台で上演されたものである。この「12人の優しい日本人」は中原俊監督の手によって1991年に映画化もされた。また、本作品はアメリカ映画の「十二人の怒れる男」（1957年公開）をもととして、日本には存在しない陪審制度をテーマとしている。

　一人の男が死ぬ。そして、容疑者はその男の別れた妻であった。この「事件」を審議する陪審員として12人の一般市民が集められる。最初は、全員が無罪で一致する。だが、一人の陪審員が有罪にこだわり、反対意見を出したとき、年齢も職業も様々な12人は、日常では経験したことがない議論が続き、大混乱になる。

これがこの舞台の話の内容であるが、議論に慣れない「優しい日本人」がどのようにして人が人の罪を裁く難しさと向き合っていくのかを提起した話題の作品であった。この作品に登場する陪審員は、優柔不断な人たちが多く、自分の主張を次々に変えるし、他人に影響されやすい。しかも、日本人特有の人情に弱いというところを持ち合わせている。もし日本に陪審員制度が導入されて、このような人たちに裁かれるとしたらとつい考えてしまう。人の罪を裁くのは、

Ⅱ章　深い学びが生まれる社会科授業

この舞台の上だけの問題ではないのである。

平成21年5月，裁判員制度は始まった。当時，マスコミやテレビの多くは，小泉首相が行った郵政民営化や道路公団の問題を大々的に報道してきた。しかし，その陰で司法制度が大きく変わったのである。つまり，国民から選ばれた裁判員の6人が重大事件の刑事裁判で裁判官と一緒に裁判をし，被告人の罪を裁くという制度である。

この制度を導入することによって，次の4点が期待された。

---
① 一般市民の感覚がより裁判に生かされるようになる。
② 国民が司法に対する理解と信頼を深めることが期待される。
③ 裁判の手続きや裁判で使われる言葉が今より分かりやすくなる。
④ 裁判がよりスピーディになる。

新しい時代の子どもを育てる視点として，学校教育の中でもこの裁判員制度に参加できる裁判員のもつ常識的な資質や能力を子どものうちから何らかの形で育てていく必要がある。

② 裁判員制度とは何か？

裁判員制度とは国民から無作為に（くじで）選ばれた6人の裁判員が重大事件の刑事裁判で裁判官と一緒に裁判をするという制度である。宣伝文句を見てみると，裁判員制度で裁判が変わるなど期待は大きい。

しかし，裁判員は20歳以上の一市民であり，それも選挙人名簿の中からくじで選ばれるのである（次ページの図参照）。現在の裁判数や成人の人口の割合から考えると，多くの人が生涯の中で1回は裁判員に選ばれることになる。

さらに，裁判員に選ばれると，よほどの理由がない限り，それを断ることは許されないのである。そのよほどの理由とは，重い病気で裁判所に行くことができない人や，介護または育児で家を離れられない人など，裁判所が認めた場

39

図 裁判員の選び方（出典：法務省HP）

前年の秋ころ
裁判員候補者名簿が作成されます。
地方裁判所ごとに、管内の市町村の選挙管理委員会がくじで選んで作成した名簿に基づき、翌年の裁判員候補者名簿が作成されます。

↓

前年の11月ころ
候補者へ通知・調査票が送付されます。
裁判所から、裁判員候補者名簿に登録されたことが通知されます。また、就職禁止事由や客観的な辞退事由に該当しているかどうかなどを尋ねる調査票が送付されます。

> A 裁判所に調査票を返送し、明らかに裁判員になることができない方や1年を通じて辞退事由が認められる方は、裁判所に呼ばれることはありません。

↓

名簿の中からくじで候補者が選ばれます。
事件ごとに、裁判員候補者名簿の中から、くじで裁判員候補者が選ばれます。

↓

原則、裁判の6週間前まで
くじで選ばれた候補者へ質問票・呼出状が送付されます。
裁判所から、くじで選ばれた裁判員候補者に質問票を同封した選任手続期日のお知らせ（呼出状）が送付されます。

> B 裁判所に質問票を返送し、辞退が認められ、呼出しが取り消された方は、裁判所に行く必要はありません。

↓

裁判員等選任手続期日
裁判所で、候補者の中から裁判員等を選ぶための手続が行われます。
裁判長から裁判員候補者に対し、不公平な裁判をするおそれの有無、辞退希望の有無・理由などが質問されます。裁判員候補者のプライバシーを保護するため、この手続は非公開となっています。

↓

裁判員が選任されます。
事件ごとに、裁判員6人が選ばれます（必要な場合は、補充裁判員も選任されます）。

> C A、B以外でも、裁判員になれない理由のある人や辞退が認められた人は候補者から除外されます。また、検察官や弁護士の請求により、候補者から除外されることもあります。

Ⅱ章　深い学びが生まれる社会科授業

合のみである。

　また，裁判員制度で扱う事件は，死刑または無期の懲役または禁錮に当たる罪などであって，故意の犯罪行為により被害者を死亡させた罪のものが主となる。

　裁判員が参加する刑事事件は，おおまか次のような流れである。

●公判前整理手続

　裁判員の参加する裁判では，公判前に法廷に出される証拠をあらかじめ相手方に開示し，事件の争点を整理しておく。公判がスピーディで分かりやすいものとなり，裁判員の負担も軽くなる。

●公判審理

　裁判で被告人が起訴された事件を行ったかどうかなどを詳しく調べる。公判に入る前に，裁判官から裁判員に対して，必要な法的な知識や刑事裁判の手続について説明がある。

(1)　冒頭手続

　まず検察官が起訴状を朗読し，裁判で調べる内容が明らかにされる。

　「黙秘権」は話したくないことは話さなくてもいいという権利である。

　「罪状認否」では，被告人が罪を認めるかどうかを述べる。

(2)　証拠調べ手続

　証拠調べでは，写真や建物の見取り図なども，法廷で示される。裁判員は疑問に思うことがあれば，証人などに質問することができる。

(3)　論告・弁論

　まず，「論告・求刑」では，検察官が事件の事実面と法律面についての意見を述べて求刑する。次いで，弁護人が同じように意見を述べる。

　被告人も最後に意見を述べることができる。裁判員は，検察官や被告人・弁護人それぞれの意見を，先入観をもたずに素直な気持ちで耳を傾けなければならない。

●評議・評決

　「評議」は，裁判で取り調べられた証拠をもとに，有罪か無罪か（事実認定），また，刑の重さ（量刑判断）などを決めるために，裁判官と裁判員が行う話し合いである。裁判長が進行役となって，それぞれが自由に自分の意見を述

41

べる。
　全員の意見が一致しない場合には，評決を行う。評決は，合議体全体の過半数で，かつ裁判官，裁判員のそれぞれ1人以上が賛成する意見によって決定される。（有罪・無罪の評決の例）

●判決の宣告
　判決の内容が決まると，裁判員立ち会いのもと，裁判長が宣告をする。

裁判員の任務は，これで終了である。

3 「社会的な見方・考え方」を引き出す授業

(1) 法の基礎を学ぶ～主権者としての資質を育てるために～

　法の基礎となる考え方には，自由，責任，ルール，公平，正義の五つがある。そして，これらは深く互いに関わっている。一人一人の自由を守り，それぞれがもつ責任をはっきりさせるためにルールが必要になる。そして，正義に当てはまる正義だけが法として存在するのである。

　本単元では，日本国憲法の基本理念を学ぶことに加え，法の基礎となる考え方を取り上げることにした。ルールを学ぶ場合，社会科と道徳とでは違いがある。道徳教育で学ぶルールは，むしろルールを大切にする心を育てることにある。つまり，ルールの意味の理解や道徳的な価値を学び，実践力を養うことにある。しかし，社会科では，法的な見方・考え方を育てることにねらいがある。社会科の究極的な目標が公民としての資質・能力の基礎を養うことにある所以である。

　まず，憲法前文を取り上げ，その理念について話し合った。そして，私たちが目指す社会は，一人一人が自分らしく生きることが大切であるとともに，それぞれの人がしなければならない責任について考えた。次に，たくさんの人が

自由に行動することになると，一定のルールが必要である。そこで，ルールの基礎的な内容（配分的正義，匡正的正義）について公平とは何なのかを話し合った。そして，本時で扱う正義について話し合うことにした。さらに，これらの学んだ考え方を活用して，ディベート的な活動を通して，裁判官に選ばれた場合，求められる健全な良識をもつことの大切さについて考えさせることにした。

⑵ ウルトラマンと正義

正義とは，悪いことが行われた場合，これを正して直すという考え方である。それは，被害者の損害を元に戻したり，被害者の気持ちを納得させたりするためであり，加害者に二度と同じことをさせないためや他の人にも同じことをしないように気をつけてもらうためという目的をもつ。つまり，正しい情報を集め，誰もが納得がいくようにきちんと説明できることが大切である。つまり，きちんと調べないでその人のイメージだけで結論をきめつけないようにすることが大切なのである。

そこで，子どもたちにとってイメージしやすい正義の味方を取り上げ，本当の正義とは何かについて話し合うことにした。

子どもにとって正義の味方といえば，ウルトラマン，仮面ライダー，アンパンマンが挙げられる。子どもにとっては，あこがれのヒーローである。

そこで，本実践では，ウルトラマンを取り上げ，バルタン星人（異星人）との戦いを話し合う中で正義とは何かを考えさせたいと思った。物語の中では，ウルトラマンは正義の味方として地球の人々のために勇敢に戦う。

しかし，立場を変えると，
「戦いの中で街を破壊しているのではないか？」
「異星人をやっつけていいのか？」
などの見方も考えられる。そこで，バルタン星人が何のために地球に来たかを話し合う。すると，バルタン星人は，バルタン星が核実験により壊滅したために，地球に住みたいと考えたことを知る。

バルタン星人の立場になって考えると，ウルトラマンの正義には疑問が残る。

43

また，昔話に登場する桃太郎の鬼退治についても鬼は本当に悪者なのかという疑問もある。すると，ウルトラマンが本当に正義の味方かどうか分からなくなる。そこで，子どもにウルトラマンが正義の味方かどうかを話し合わせる。子どもにとって，ウルトラマンが正義の味方でないというのは切実な問題である。子どもたちは真剣に話し合っていった。そして，十分に話し合った後で，バルタン星人が地球に来た理由や，桃太郎やアンパンマンなどの正義の味方についても考えた。

　話し合いを通して，ウルトラマンの正義は地球にいる人間にとっての正義であることが分かる。また，正義は，きめつけるのではなく，正しい情報を集め判断することが大切であること，自分なりの根拠をもち，誰もが納得できるように説明することが大切さだということが分かると思われる。

(3) 授業の流れ
　① 「正義」とは何だろう？

　子どもたちは，「正義」について，どれだけ理解しているのであろうか。
　まず，「正義」とは何かについて聞いてみた。この問いに子どもたちは，自分が考えている「正義」について発表した。知ってるようでよくは分からない問いであった。子どもの知的好奇心に火がついたようだ。国語辞典を引っ張り出し調べる子，身近な問題を思い浮かべる子。子どもたちの活動が活発になった。話し合う中で，それぞれのとらえ方が違うことに気づいたようだ。

　そこで，次のような学習問題を設定した。

Ⅱ章　深い学びが生まれる社会科授業

裁判員に必要な「正義」とは何だろう？

次に，「正義」は，なぜ必要なのかを話し合い，「正義」は社会の中で誰もが安全に暮らし，納得できるようにするために大切であることを確認した。

・被害者の損害を元に戻すため。
・被害者の気持ちを納得させるため。
・加害者に二度と同じことをさせないため。
・他の人にも同じことをしないように気をつけてもらうため。

授業では，この四つすべてを子どもから引き出すのは難しかったので，教師の方からいくつかは説明することにした。

② ウルトラマンは，本当に「正義」の味方か？

いよいよ本時の中心に入る。

まず，子どもたちに「正義」の味方のイメージを聞いてみた。

「ウルトラマン」

「アンパンマン」

「仮面ライダー」

などたくさんの「正義」の味方が挙げら

45

れた。

　そこで，この「正義」の味方に共通することは何かを尋ねてみた。

・悪者をやっつける。
・みんなのために戦う。
・困っている人を助ける。
・平和のために活躍する。

　子どもにとっての「正義」の味方とは，強くてかっこいいヒーローであることがよく分かる。「正義」の味方について確認できたところで，ウルトラマンとバルタン星人が戦っている場面のDVDを見ることにした。これは，「正義」とは誰のためなのかという問題意識をもたせるためであった。映像の中から，
「バルタン星人が真っ二つになった」
「戦いの中でビルが破壊された」
という事実を確認した。
　いよいよ本授業の核心に入る。
「ウルトラマンは，本当に正義の味方なのだろうか？」

　話し合いは，「正義」の味方で「ある」「ない」の二つに分かれて行った。子どもの立場は，27対12で「正義」の味方だと考える方が優勢だった。話し合いの中で，子どもたちからは，次のような考

Ⅱ章　深い学びが生まれる社会科授業

えが出された。

- バルタン星人は悪者だから，ウルトラマンは，「正義」の味方だ。
- ウルトラマンは「正義」の味方だから，本当である。
- ウルトラマンも街を壊しているので，壊された住民は「正義」の味方とは思っていない。
- 人間にとっての「正義」であり，怪獣にとっての「正義」ではない。

　さらに，桃太郎の鬼退治の話，アンパンマンとバイキンマンの「正義」と比較しながら，「正義」とは何かを考えた。また，資料をもとにバルタン星人が故郷を追われて地球に来たという理由を知らせ，バルタン星人の立場に立って「正義」について話し合った。

　③　裁判員にとって必要な「正義」とは何か？

　話し合いを通して，裁判員が「正義」を行うために必要なことをまとめた。
「誰が悪いのかをはっきりさせる」
「『正しい』情報をたくさん集める」
「みんなに納得できるように，根拠をもって自分の考えを説明できるようにする」

　つまり，裁判員が「正義」を行うためには，問題が起きたら，きちんと調べたり考えたりしないできめつけることがないようにすることが大切であることを考えることができた。

4　目　標

　政治の働きについて調査したり資料を活用したりして調べ，国民主権と関連

づけて国民の生活と安定と向上を図るために大切な働きをしていること，私たちの国の民主政治は日本国憲法の基本的な考え方に基づいていることや，法の基礎的な考え方について考える。

5 指導計画（13時間）

第一次　身近な暮らしと政治……………………………………………　**4時間**

　　第1〜3時　　みんなの願いを実現させるために

　　第4時　　　消費税の値上がりに賛成か？

第二次　憲法と私たちの暮らし…………………………………………　**4時間**

　　第5時　　　国の主人公は国民

　　第6時　　　すべての人が幸せに生きる

　　第7時　　　平和を守る

　　第8時　　　国の政治の仕組み（三権分立）

第三次　裁判員として必要なことは？…………………………………　**5時間**

　　第9時　　　憲法前文を読んでみよう！

　　第10時　　　みんなが自分らしく生きるために（自由，責任，ルール）

　　第11時　　　公平とは何だろう？

　　第12時　　　正義とは何だろう？〈本時〉

　　第13時　　　裁判員になってみよう！（ディベート的活動）

6 本時の指導

⑴　ねらい

　ウルトラマンとバルタン星人との戦いや桃太郎の資料を読み取り，ウルトラマンや桃太郎の正義について話し合う中で，正義とは何かを考えるとともに，正しい情報を集めることやきちんと説明できることの大切さを考えることができるようにする。

II章 深い学びが生まれる社会科授業

○授業構造図

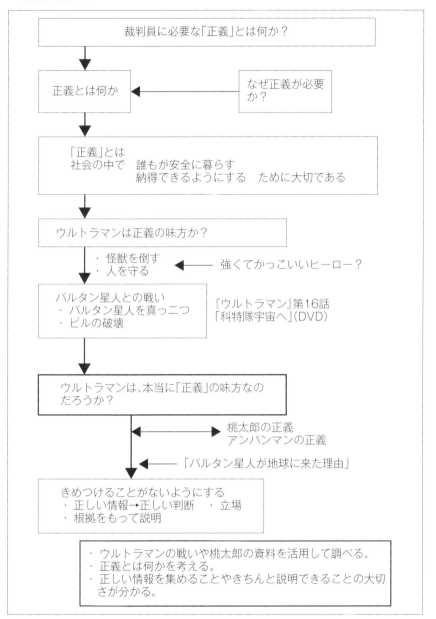

(2) 展開

学習活動と内容	・資料　○指導上の留意点　★評価
1　裁判員の「正義」について，話し合う。 　　裁判員に必要な「正義」とは何だろう？	○裁判員に必要な「正義」について関心をもたせたい。
(1)　「正義」とは何だろう？	○辞書を活用したり，身近な問題を思い浮かべたりしながら考えさせたい。
(2)　「正義」はなぜ必要なのだろうか？ ・被害者の損害を元に戻すため。 ・被害者の気持ちを納得させるため。 ・加害者に二度と同じことをさせないため。 ・他の人にも同じことをしないように気をつけてもらうため。	★「正義」は社会の中で誰もが安全に暮らし，納得できるようにするために大切であることが分かる。〈知・理〉【行動】
2　ウルトラマンの「正義」について話し合う。 (1)　「正義」の味方とは何か話し合う。 ・異星人や怪獣を倒す。 ・悪者と戦い，人を守る。	○子どもにとって「正義」の味方は，強くてかっこいいヒーローであることを確認する。
(2)　ウルトラマンの戦いの様子（DVD）を見て，その「正義」について考える。 ・バルタン星人を真っ二つにした。 ・戦いの中でビルが破壊されている。 (3)　ウルトラマンの「正義」とは何かを話し合う。 　　ウルトラマンは，本当に「正義」の味方なのだろうか？ ・バルタン星人は悪者だから，ウルトラマンは，「正義」の味方だ。 ・ウルトラマンは「正義」の味方だから，	・『ウルトラマン』第16話「科特隊宇宙へ」（DVD） ○ウルトラマンの「正義」とは誰のためなのかについて問題意識をもたせたい。 ・「桃太郎」の話（松谷みよ子『読んであげたいおはなし』） ○桃太郎の話，アンパンマンの「正義」と比較しながら，「正義」とは何かを考えさせたい。 ・「バルタン星人が地球に来た理由」（『ウルトラ図鑑』） ○資料をもとにバルタン星人が地球に来た理由を知り，バルタン星人の立場に

50

II章 深い学びが生まれる社会科授業

本当である。 ・街を壊しているので，壊された住民は「正義」の味方とは思っていないのではないか。	立って考えさせたい。
3　裁判員は，「正義」を行うために必要なことは何かを考える。 ・誰が悪いのかをはっきりさせる。 ・「正しい」情報をたくさん集める。 ・みんなに納得できるように，根拠をもって自分の考えを説明できるようにする。	★問題が起きたら，きちんと調べたり考えたりしないで，きめつけることがないようにすることが大切であることを考える。〈思・判・表〉【ノート】

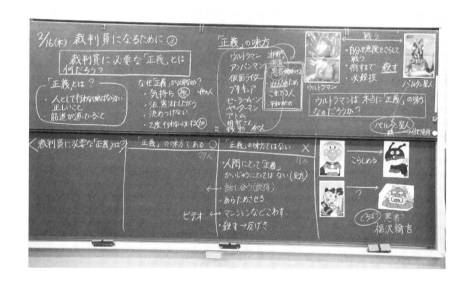

■**本単元に見られる「深い学び」の姿**

　本実践を通して，子どもたちは，正義について社会的な見方を働かせながら話し合うことによって学びを深めることができた。また，子どもたちは，友達との対話を通して正義は立場によって違うことを考えることができた。

51

この内容の深まりを深い学びとして考えることができる。その具体については、「3 『社会的な見方・考え方』を引き出す授業」の「(3) 授業の流れ」や次の子どもの感想を参考にしてほしい。

「最終的には、裁判員の判断により決まるので、事実をもとに慎重に考えなければならないことが分かりました」

「裁判員になり、裁判をすることはとても難しいことだと知りました。でも、正義をもち、公平に人を裁くことができる人間になりたいです」

「政治とは、私とはかけ離れたものだと思っていましたが、実は、私たちの生活に深くかかわっていることを知りました。これからは、もっと政治に興味をもちたいと思いました」

Ⅱ章　深い学びが生まれる社会科授業

2

憲法って何だろう？

～日本国憲法とわたしたちのくらし～

1　「日本国憲法とわたしたちのくらし」とは

　本実践で取り上げる「日本国憲法」では，日本国憲法が国家の理想，天皇の地位，国民としての権利及び義務など国家や国民生活の基本を定めていることや，現在の我が国の民主政治は日本国憲法の基本的な考え方に基づいていることを理解することがねらいである。また，社会的事象の見方・考え方を働かせ，日本国憲法の特色や役割を調べて，私たちの日常生活は日本国憲法と深くかかわっていることを理解することが大切である。

　政治の学習は，面白くないという子どもが多い。それは，政治の学習が概念的，抽象的になったり，細かな用語や仕組み，数値などを覚えるだけの学習になってしまうからである。

　しかし，子どもたちがこのまま政治の学習に苦手意識をもったまま大人になることがないようにしたい。そのためには，何よりも子ども一人一人が身近な社会や政治に主体的にかかわっていく意欲や態度を育てることが大切である。また，子どもが社会的な見方・考え方を働かせながら，自ら問いをもてるようにすることや，調べた情報に基づいて政治へのかかわり方について多角的に考え，自分の考えをまとめることができるようにすることが必要である。

53

2 主体的・対話的で深い学びを引き出す教材

(1) 日本国憲法について

① 日本国憲法とは

1946年11月3日公布、1947年5月3日施行された。敗戦後、連合国軍総司令部（GHQ）最高司令官マッカーサーから指示を受けてGHQと折衝を重ねて草案を作成し、議会が修正・可決した。憲法の根本原理を述べた前文のほか11章、103条からなる。旧憲法の天皇主権を否定して国民主権に立ち、象徴としての天皇を認め、戦争を放棄して戦力を保持せず（戦争の放棄）、侵すことのできない永久の権利として基本的人権を保障した。自由権のみでなく生存権など社会権も保障した。これらの原則を実現するために三権分立を行った。憲法改正は、衆参各議院の総議員の三分の二以上の賛成で国会が発議し、国民投票に付し、その過半数の賛成で成立する。しかし憲法改正原案の提出手続きや国民投票の投票権者・投票方法については規定されていなかった。2007年、第一次安倍内閣は、憲法改正原案の国会提出の件、投票権者等を定める国民投票法を成立させ同年5月公布した。

前文
第1章　天皇（第1条～第8条）
第2章　戦争の放棄（第9条）
第3章　国民の権利及び義務
　　　　（第10条～第40条）
第4章　国会（第41条～第64条）
第5章　内閣（第65条～第75条）
第6章　司法（第76条～第82条）

第7章　財政（第83条～第91条）
第8章　地方自治（第92条～第95条）
第9章　改正（第96条）
第10章　最高法規（第97条～第99条）
第11章　補則（第100条～第103条）

小学校の授業では，次のような内容を指導することになる。

・基本的人権は侵すことのできない永久の権利として保障されていること
・主権は国民にあること
・我が国が国際紛争を解決する手段としての戦争を永久に放棄すること
・天皇は日本国の象徴であり日本国民統合の象徴であること
・生命，自由及び幸福の追求に対する国民の権利は保障されていること。また，それを保持するためには国民の不断の努力が必要であること
・参政権は国民主権の表れであり，民主政治に極めて重要であること
・勤労や納税などの権利や義務が定められていること　など

② 日本国憲法前文

世界各国の憲法では，その憲法の制定目的，基本原理，制定者の覚悟などを前文で掲げるのが通例である。日本国憲法も長い前文をもっている。4節からなり，そこでは国民主権，民主主義，平和主義，国際協調主義について述べている。この前文は形式上，憲法の一部をなすものと考えられる。

(2) **憲法と法律の違いは何か？**

「憲法は誰が守るのか？」この問いは大人にとってもハッとさせられる問いである。子どもたちに聞いてみると，

「憲法は，国の最高法規だから，国民が守るんだよね」
と，ほとんどの子どもたちが答えると思われる。しかし，これは間違いである。
憲法第99条をよく見ると次のように書かれている。
「天皇又は摂政及び国務大臣，国会議員，裁判官その他公務員は，この憲法を
尊重し擁護する義務を負ふ」
　条文の中に国民が憲法を守らないといけないという言葉は書かれていないの
である。条文には，公務員が憲法を擁護する義務を負っているとある。つまり，
日本の憲法は国民に憲法を守れと言っているのではなく，国家権力の担い手で
ある公務員が憲法を守らなくてはならないと言っているのである。
　そもそも憲法は国家権力を制限するために設けられたものである。国家権力
を制限して，国民の権利と自由を守る役割を担っているのが憲法なのである。

Q　憲法と法律。どう違うのですか？
A　憲法は法律の親分。国の権力者が守るべきものです。
　憲法とは，国民の自由と権利を保障するもの，法律はそのための詳しい
項目を定めたものです。ざっくりいうと，法律は国民が守る内容を定めて
いますが，憲法を守るべきはその国の権力者。人間は権力を握るとつい濫
用したがる。だから，わたしたち一般市民が自分たちの自由と権利を守る
ために国家権力を縛るもの，それが憲法なのです。どんな権力も，憲法の
規定に従って統治しなければならない。これを「立憲主義」といいます。
池上彰『学べるニュース』より

日本国憲法　99条
　天皇又は摂政及び国務大臣，国会議員，裁判官その他の公務員は，この
憲法を尊重し擁する義務を負ふ。

56

(3) 憲法は誰が守るのか？

　子どもたちは，これまでに基本的な生活習慣として様々なルールを学んできた。それらの経験から，「憲法を守るのは誰か？」と聞くと，ほとんどの子どもが自分たちだと答えると思われる。それは，子どもたちが憲法は国民一人一人が守るものではなく，その国の権力者が守るものであるということをよく理解していないことによる。

　そもそも憲法は，国民が国家権力者に勝手なことをさせないように，その力を制限するものであり，法律は世の中の秩序を維持するために，国民が守らなければならないものである。憲法に国民の権利ばかりが書いてあって，義務が書いていないのはこのためである。

　そこで，最高法規として，国内の法の中で最も強い効力をもつ日本国憲法について，国の政治の基本的なあり方など，憲法の見方・考え方を深めるとともに，憲法と私たちの生活とのかかわりについて考えさせていきたい。

3 「社会的な見方・考え方」を引き出す授業

　「社会科的な見方・考え方」は，小学校では，
「社会的事象を位置」
「空間的な広がり」
「時期や時間の経過」
「事象や人々の相互関係」
などに着目してとらえ，
「比較・分類」したり，
「総合」したり，
地域の人々や国民の生活と「関連付け」したりすることとされている。子どもの学びが深い学びになるためには，この「社会科的な見方・考え方」を授業の中で働かせるようにしたい。

　前時の授業では，子どもたちに，私たちの生活と憲法がどんなことでかかわっているかを友達と交流しながら考えさせた。自分たちの生活と憲法とのかかわりについて，なかなかぴんとこない子どももいたので，考えるヒントとして日本国憲法を印刷したものを与えた。

　本時は，子どもたちが考えたことを発表し合うことから授業を始めた。

「教育を受けること　23条，26条」

「裁判を受けること　32条」

「職業を選ぶ自由　27条，92条」

「宗教を選ぶ自由　20条」

「選挙で投票すること　30条」

「戦争を放棄していること　9条」

「一人一人が生きていくこと　23条」

「思想の自由　17条」

「学問の自由　17条」

　子どもたちからたくさんの考えが出された。そこで，黒板に書かれた内容を見て考えたことを発表させた。

「当たり前のことが書いてある」

「国民のことを考えている」

「いろいろなことが決められている」

　私たちの生活と憲法のかかわりは何かを聞いても，ほとんどの子どもは「当たり前のことが書いてある」と思っているわけだから，なかなかそのかかわりに気づくのが難しい。本授業では，あらかじめ資料（憲法）を配っておいたことによって，子どもたちはいろいろな見方で憲法について考えたようだ。

Ⅱ章　深い学びが生まれる社会科授業

　身近な事例を伝え合うことを通して，自分たちの生活と憲法とのかかわりが確かになったようだ。

　また，私たちの生活の中では，よく聞く音楽の中にも憲法とかかわっているものがあることを知らせた。実際に「誰かのために」(AKB48)，「世界に一つだけの花」(SMAP)という曲を子どもたちに聞かせたことによって，憲法と私たちの生活とのかかわりに関心が高まってきたようだ。

　子どもたちが憲法と私たちの生活とのかかわりを話し合う活動を通して憲法に関心が高まったところで，次のような学習問題を立てた。

憲法とは何だろう？

　まず，「憲法」という言葉に着目して，憲法とは何かを考えた。子どもたちは，「法」の言葉からきまりのことではないかと答えた。そこで，次のように説明した。

憲……きまり　基本となるきめごと
法……守らなければならないきまり

　どちらもきまりという意味であるから，憲法はきまりのきまりという意味で

59

ある。つまり，きまりの親分であることを説明した。

　そして，そのことを「最高法規」と呼ぶことを知らせた。

　次に，前文を読んで，どのようなことが書かれているかを質問した。

「国民主権のことが書いてある」

「戦争のことが書いてある」

「平和な国をつくることが書いてある」

「人権のことが書いてある」

　子どもたちが発表したことを確かめるために憲法の目次を見て，何が書かれているかを確かめることにした。

　子どもたちが憲法が何かが分かったところで，次のように質問した。

憲法を守るのは誰だろう？

　この突然の問いに，子どもたちは，ハッとした。しばらく考えて次のように答えた。

「国民が守る」

「国会議員が守る」

「役人が守る」

「みんなが守る」

　これらの意見がほとんどだった。でもほとんどの子どもが「自分たち（国民）」だと考えていたようだ。そこで「本当なのか」と問い返し，その理由を考えさせた。

Ⅱ章　深い学びが生まれる社会科授業

話し合いは，国民 VS 法律をつくった人たちの二つの立場に分かれて盛り上がった。

その理由を子どもたちに調べさせると面白いかもしれないが，時間の都合上，教師から説明した。

まず，「憲法前文」の大まかな内容や主語と述語に注意して読んでみると，どこにも国民が守ると書いていないことが分かる。そこで，憲法99条を開いて，憲法を守る義務があるのは公務員だけであることを知らせた。子どもたちは意外な結末にびっくりしたようである。

さらに，憲法を守る義務があるのは，政治家や公務員であるのはなぜかを考えさせた。

「戦争が二度と行われないため」
「権力があるものが好き勝手をしないため」
などの意見が出された。

最後に，授業の振り返りをして授業を終えた。本時では，子どもたちがこれまでに身につけてきた「社会的な見方・考え方」を発揮しながら，新たな「社会的な見方・考え方」を獲得したり，一層活用したりしていくことができたようである。

4 目　標

・日本国憲法は国家の理想，天皇の地位，国民としての権利及び義務など国家や国民生活の基本を定めていることや，現在の我が国の民主政治は日本国憲

法の基本的な考え方に基づいていることを理解するとともに，立法，行政，司法の三権がそれぞれの役割を果たしていることを理解する。〈知識〉

・見学・調査したり各種の資料で調べたりしてまとめる。〈技能〉

・日本国憲法の基本的な考え方に着目して，我が国の民主政治を捉え，日本国憲法が国民生活に果たす役割や，国会，内閣，裁判所と国民との関わりを考え，表現する。〈思考力・判断力・表現力〉

5 指導計画（13時間）

第1時　　憲法とわたしたちの生活

第2時　　憲法を守るのは誰だろう？〈本時〉

第3時　　天皇と憲法

第4時　　国の主人公は国民（国民主権・祝日）

第5時　　すべての人が幸せに生きる（基本的人権の尊重）

第6時　　平和を守る（平和主義）

第7時　　三権分立と国の政治の仕組み

第8時　　税金の働きとわたしたちの暮らし

第9時　　国民の政治への参加（選挙）

第10〜13時　裁判員として必要なことは？（法教育の視点から）

6 本時の指導〜憲法を守るのは誰だろうか？〜

⑴　ねらい

日本国憲法の基本的な考え方に着目して，日本国憲法の前文やその他の資料を活用して調べ，憲法は私たちの生活と深くかかわっていることや，憲法を守るのは誰かを話し合うことによって憲法とは何かを考える。

（2）授業構造図

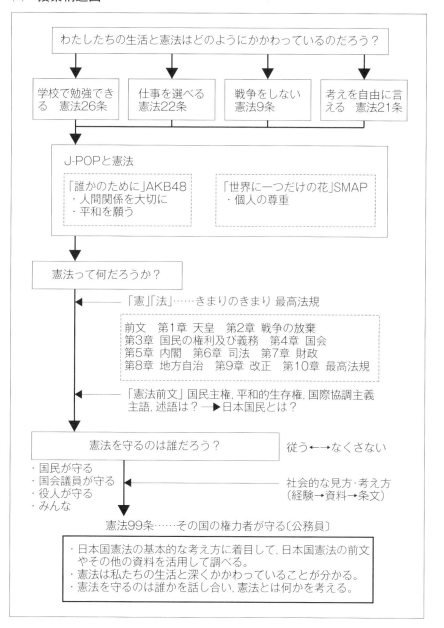

(3)　展開

学習活動と内容	・資料　○指導上の留意点　★評価
1　憲法が私たちの生活に深くかかわっていることを話し合う。 (1)　私たちの生活が憲法とかかわっていることを発表し合う。 ・義務教育なので学校に行ける。　憲法26条 ・職業を自由に選べる。　憲法22条など (2)　身近な生活の中で，他にも憲法とかかわっていることを知る。 ・憲法13条の個人の尊重という考え方だ。 ・世界の平和を願っている。	・子どもが調べた資料 ・日本国憲法の資料 ○憲法と私たちの生活とのかかわりを探す活動を通して憲法について関心を高めたい。 ・流行しているJ-POPの歌詞 ○「憲」「法」という漢字の意味に着目して最高法規という意味をとらえさせるようにする。 ○本時は，「憲法前文」の意味を解釈するのではなく，大まかな内容と主語と述語について考える。 ★憲法が私たちの生活と深くかかわっていることに関心をもつ。〈態〉【表情・発言】
2　憲法と私たちの生活とのかかわりに着目して，学習問題を立てる。 　憲法って何だろうか？ (1)　「憲法」という言葉に着目して，憲法とは何かを考える。 (2)　「憲法前文」を見て，内容を確かめる。 (3)　憲法を守るのは誰かを話し合う。 　憲法を守るのは誰だろう？ ・国民が守る。 ・国会議員が守る。	○社会的な考え方を働かせながら，問いの理由を考えさせたい。 ○憲法99条を読み，憲法を守る義務があるのは公務員だけであることを確かめる。

64

・役人が守る。	
(4)　憲法の条文を見て，憲法を守る義務があるのは誰かを確かめ，その理由を考える。	・憲法 99 条 ★憲法を守るのは誰かを考えることができる。〈思・判・表〉【ノート・発言】
・戦争が二度と行われないため。	
・権力があるものが自由にできないため。	
3　今日の学習を振り返る。	

■本単元に見られる「深い学び」の姿

　「憲法は誰が守るのか？」という問いは，大人でもハッとさせられる問いである。子どもたちは憲法を守るのは私たちだと考えるはずである。子どもたちはこれまでの学習で自分たちの立場で社会的事象を見てきたからである。憲法を守るのが国会議員などの公務員であることは意外な答えである。しかし，その国会議員を選んだり見守ったりしていくのは私たち国民の責務である。本単元の深い学びは，この教材そのものにあるといえる。

　また，憲法と私たちの暮らしとのつながりを探す活動も，身の回りの社会的事象を社会的な見方を働かせることによって，深い学びへつながった。目の前にある社会的事象も見方を変えて，新たなつながりを見い出すことができるのである。

　本単元は，子ども一人一人が身近な社会や政治に主体的にかかわっていく意欲や態度を育てることにつながったと考える。それは，子どもが社会的な見方・考え方を働かせながら，自ら問いをもてるようにすることや，調べた情報に基づいて政治へのかかわり方について多角的に考えることができたからである。

3 —

源義経と壇ノ浦の戦い
～武士による政治の始まり①～

1 「武士による政治の始まり」とは

　本実践で取り上げる「武士による政治の始まり」は，源頼朝が平氏打倒の兵を挙げた頃から鎌倉に幕府が置かれた頃までの内容である。ここでは，源平の戦い，鎌倉幕府の始まり，元との戦いの三つの事象を取り上げる。例示されている歴史上の人物は，平清盛，源頼朝，源義経，北条時宗である。そして，これらを手がかりにして，鎌倉に幕府が置かれた頃に武士による政治が始まったことを理解できるようにすることがねらいである。

　本実践は，社会的事象の見方・考え方を働かせ，源氏と平氏はどのような戦いをしたかということに焦点を当て，源平の戦いにおける源義経の活躍の様子やエピソードを調べる学習を展開した。また，「安徳天皇縁起絵図」を主資料としてじっくり読み取らせることや，源平の戦いが行われた場所を地図などの資料で歴史上の出来事の位置や広がりなどを読み取ることを大切にした。

2 主体的・対話的で深い学びを引き出す教材

(1) 源義経と源平の戦い

　源義経は，源平の戦いでは総大将として優れた活躍をした人物である。また，人としても魅力的な人物である。死ぬことを少しも恐れず，苦労を苦労とも思わず，仇としての平家を討伐することに命を賭けた。また，情に厚く涙もろい。このような彼の生き方は悲劇のヒーローとして今もなお多くの人々に語り継がれている。授業では，この義経を取り上げ，源平の戦いの中で「なぜ戦ったの

66

か」「戦いの結果はどうなったのか」などという問題意識をもたせたい。

(2) 「壇ノ浦の戦い」と「安徳天皇縁起絵図」

　「壇ノ浦の戦い」とは，1185年（元暦2年）3月24日，関門海峡の壇ノ浦で源義経が率いる源氏軍と平宗盛らが率いる平氏軍が戦った最後の決戦のことである。この戦いによって平家政権が終わり，源頼朝を中心とする政権が成立することになった。

　最初は，海での戦いに慣れていた平氏軍が優勢であった。しかし，潮の流れの変化によって形勢が逆転し，源義経を総大将とする源氏の軍が勝利を収めることになった。しかし，最近ではこの勝敗の原因は潮流説だけではなく，水夫を攻撃した義経の奇抜な作戦や，有力武将が源氏へ寝返りしたことなども注目されている。

　○「安徳天皇縁起絵図」について

「安徳天皇縁起絵図」は，山口県下関市・赤間神宮に所蔵され，重要文化財の一つである。この絵には，「平家物語」で語られている合戦中の名場面や，「吾妻鏡」「平治物語」「源平盛衰記」などに即した様子が描かれているので，戦いの様子がよく分かる。

> 安徳天皇の誕生から，福原，一の谷，屋島，そして壇ノ浦の合戦と安徳天皇の入水までの様子を順に描いている。右には真ん中に大きな船が描かれている。平家方の唐船である。平家側の作戦は，これに雑兵を乗せて源氏の船をおびき寄せて攻撃するというものであった。左には，海上右下に義経の八艘飛，中央部に安徳天皇の入水と熊手で捕らわれる建礼門院が描かれている。

3 「社会的な見方・考え方」を引き出す授業

本実践では，子どもが主体的・対話的で深い学びを追究していくために，次の二つを大切にし授業を構成した。

> ① 知的好奇心をもち，創造や発見に夢中になること。
> ② 社会に対して参画意識をもつこと。

本時では，次のように授業を進めた。

(1) 義経ってどんな人？

まず，大河ドラマの義経の写真を示し，子どもたちが義経について知っていることを発表させた。

Ⅱ章 深い学びが生まれる社会科授業

> ・源義朝の子で母は常磐御前，幼名は牛若丸，頼朝，範頼と異母弟である。
> ・鞍馬山で修行し，天狗に武芸を習う。
> ・京都五条大橋で弁慶と出会う。
> ・源平の戦いで，戦いの指揮をとる。
> ・兄の頼朝と不仲になり，衣川で襲撃された。

　さすがに，大河ドラマが放送されたせいか，子どもたちも義経についての情報量が豊富である。子どもたちにとって義経はヒーローである。

　次に，中尊寺に伝わる義経の肖像画と大河ドラマの義経との姿を比べてみた。

「悲しい顔，やつれ果てた感じがする」

「鋭い目をしている」

「ひげが生えている」

「小柄な感じで，やせている」

　そこには，イケメンの義経の姿はなかった。ただ，無精ひげを生やし，髪も乱れ，やつれ果てた義経があるだけであった。そこで，年表を配り，義経の生い立ちを確認した。

(2) 学習問題を立てる

　このギャップは子どもの知的好奇心を刺激し，義経に対して「もっと知りたい」「本当の義経はどっちだろう？」という疑問を引き出すことにつながった。

　そこで次のような学習問題を立てた。

> 源義経は，「壇ノ浦の戦い」でどのように戦ったのだろうか？

(3) 壇ノ浦はどこにあるのだろう？

　ここから，解決へのステップである。まず，戦いが行われた場所を地図で確かめ，次のことを確認した。

69

・戦いの場所は，関門海峡である。
・平氏の本拠地は彦島である。
・義経は開戦前は満珠島，千珠島にいた。

(4) 戦いの様子は？　義経の活躍は？
　「安徳天皇縁起絵図」を見て，戦いの様子をじっくり読み取っていった。まず，赤い旗，白い旗に着目し，この戦いは源氏と平氏との戦いであったことを知らせた。また，絵図に描かれている事実をもとに，海での戦いであったこと，弓を使った戦いであったことを読み取っていった。
　次に，有名なエピソードと結びつけながら，義経，平教経，建礼門院，安徳天皇などを探すことにした。「これが義経だ」「ここに建礼門院がいる」「これは誰かな」など，子どもは仲間とかかわりながら絵図の読み取りに夢中になった。

(5) 義経（源氏）が勝った理由は何だろう？

　絵図をじっくり観察した後で，「なぜ源氏が平氏に勝つことができたのか」を話し合った。歴史が好きな子どもや本が好きな子どもからは，「潮の流れが変わった」「水夫を攻撃した」などの答えがすぐに返ってきた。

　しかし，「それは本当なのか」と問い返して，義経が勝った理由は他にもあるのではないかという問題意識をもたせることにした。
　そして，絵図をもとにしながら源氏軍と平氏軍の船の数を比較したり，誰が唐船に乗っているかなど戦力について話し合ったりして，平氏が敗れた理由について考えていった。

Ⅱ章　深い学びが生まれる社会科授業

(6) 壇ノ浦の戦いで平氏が敗れた理由は？

この問い返しによって，子どもにはさらなる矛盾や葛藤が生まれ，真実を解き明かそうとする意欲を生み出すことにつながった。そこで，「なぜ平氏は最後まで海の上で戦ったのか」と問うた。

・海上での戦いが得意だったから。
・陸上に敵がいたからもどれなかった。
・源氏は海での戦いが苦手だったから。
・海の戦いでは負けないと思ったから。

子どもたちは，このように様々な視点から考え，新たな結論を生み出していった。

最後に，義経の立場になって勝利したときの気持ちを考えることにした。
「義経は，平氏の敗北には複雑な気持ちだったのだろう」
「これでやっと武士の時代が始まるはずだ」
「この喜びを早く誰かに知らせたい」
など，子どもたちは，義経の気持ちになって新しい時代への変わり目をとらえることができた。

また，授業後，子どもたちが人物に対してどのように考えたかを紹介したい。
義経については，
「勇気がある人物だ」

71

「知恵がある人物だ」
「メンタルが強い」
「本当にヒーローだ」
「計画性がある」
などの意見であった。また，平氏に対しては，
「武士としてのプライドがすごい」
という意見をもつことができた。

4 目　標

　「源平の戦い」「鎌倉幕府の始まり」「元との戦い」について，人物の働きや代表的な文化遺産を中心に年表や絵図，資料などを活用して調べ，武士による政治が始まり，幕府が全国的に力をもったことを分かるようにする。

5 指導計画（7時間）

第1時　平清盛と武士の始まり
第2時　武士の政治が始まる
第3時　源氏と平氏の戦い
第4時　源義経と壇ノ浦の戦い〈本時〉
第5時　源頼朝と鎌倉幕府
第6時　北条時宗と元との戦い
第7時　竹崎季長と「ご恩と奉公」

6 本時の指導

(1)　ねらい
　「壇ノ浦の戦い」について，源義経の肖像画やエピソードをもとに義経の生

き方について話し合ったり、「安徳天皇縁起絵図」から戦いの様子を読み取ったりしながら、平氏と戦った源氏が勝利を収めたことを理解するとともに、武士の政治の始まりについて問題意識をもてるようにする。

○授業構造図

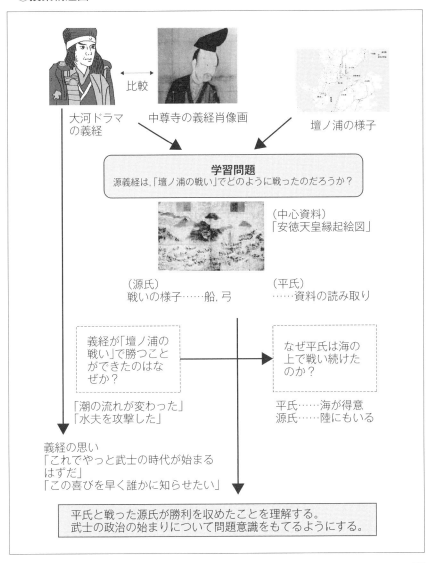

(2) 展開

学習活動と内容	・資料　○指導上の留意点　★評価
1　源義経の肖像画を見たり，エピソードについて話し合ったりして，義経の生き方に関心をもつ。	
(1)　義経はどういう人物であったかを話し合う。	・義経の写真（大河ドラマ） ・義経の資料，年表など
・源義朝の子で母は常磐御前。幼名は牛若丸。頼朝，範頼と異母弟である。	○義経は，イケメンのヒーローというイメージが強いことをとらえさせる。
・鞍馬山で修行し，天狗に武芸を習う。	○義経の生い立ちやエピソードを話し合い，波瀾万丈な人生を生き抜いてきた
・京都五条大橋で弁慶と出会う。	ことをとらえさせる。
・源平の戦いで，戦いの指揮をとる。	
・兄の頼朝と不仲になり，衣川館で襲撃される。	
(2)　義経の肖像画（中尊寺所蔵）と比べて，本当の義経はどんな人物だったのかを話し合う。	・「源義経肖像画」中尊寺所蔵 ○悲劇のヒーローとしての義経の生き方
・やつれ果てた感じがする。	は数々の伝説を生み，多くの人に語り
・鋭い目をしている。	継がれていることをつかませたい。
・ひげが生えている。	
・小柄な感じで，やせている。	
(3)　義経の活躍に関心をもち，学習問題を立てる。	★義経について関心をもつ。〈態〉【表情・発言】
源義経は，「壇ノ浦の戦い」でどのように戦ったのだろうか？	
2　「安徳天皇縁起絵」から壇ノ浦の戦いの様子を読み取り，義経の活躍を話し合う。	
(1)　戦いが行われた壇ノ浦について地図で確かめる。	・壇ノ浦の写真，地図 ○壇ノ浦の写真や地図をもとに，戦いの
・本州と九州との間にある関門海峡で行われた。	場所を確認し，海上での戦いの様子をイメージさせたい。

・平氏の本拠地は彦島である。 ・義経は満珠島，千珠島にいた。 (2)　「安徳天皇縁起絵」を読み取り，海上での戦いの様子を話し合う。 ・弓矢を使って戦っていた。 ・義経が八艘飛びをしている。 ・二位の尼が入水している。 ・建礼門院が熊手で助けられている。 ・海上で船と船が戦っている。	・「安徳天皇縁起絵図」赤間神宮所蔵。第7巻「壇の浦合戦」，第8巻「安徳天皇御入水」 ○全体（海上での戦い）と部分（目立つもの，舟，弓，旗等）に分けて読み取らせるようにする。 ○戦いのエピソードと結びつけながら，人物の活躍にも目を向けたい。 ★絵から戦いの様子を読み取ることができる。〈技〉【ノート・発言】
(3)　義経が勝利した理由を話し合う。 「壇ノ浦の戦い」で，義経が勝つことができたのはなぜだろう？ ・潮の流れが途中で変わった。 ・義経が船を飛び移って戦った。 ・平氏の水夫を弓で攻撃したから。 ・裏切った者がいたから。	○潮流説は分かりにくいので，教師の方から補足する。
(4)　平氏が最後まで海の上で戦い続けた理由は何だったのかを考える。 なぜ平氏は，最後まで海の上で戦い続けたのだろうか。 ・海上での戦いが得意だったから。 ・陸上に敵がいたからもどれなかったから。 ・源氏は海での戦いが苦手だったから。 ・海の戦いでは負けないと思ったから。	○海で戦うことの有利な点，不利な点という見方で話し合うようにする。 ○義経の独創的な発想に目を向けながら人物の働きについて話し合うようにしたい。 ○平氏と戦った源氏が勝利した理由について理解を深めるようにしたい。
3　義経の立場になって「壇ノ浦の戦い」で勝利したときの気持ちを考える。 ・平氏の時代は終わり，武士の時代にな	○「武士の政治が始まる」ということに関連づけて，壇ノ浦の戦いの意義について考えてみたい。

る。 ・これから平和になってほしい。 ・頼朝にまず報告しよう。	○「武士の政治」に対して問題意識をもたせたい。 ★義経の立場になって，勝利したときの気持ちを考えることができる。〈思・判・表〉【ノート・発言】

■**本単元に見られる「深い学び」の姿**

　子どもたちがよく知っている源義経は，イケメンの義経である。そこで，肖像画の義経と比べることから授業を始める。子どもたちは，自分たちがイメージしていた義経とは似ても似つかない姿にびっくりする。しかし，その意外性が，「本物の義経とはどんな人だろう？」「義経はどのような活躍をしたのだろう？」という問題意識や，「もっと知りたい」「事実を調べてみたい」という意欲を生み出すことになる。そこで，学習問題をつくる。この学習問題を切り口として，子どもを授業に引き込んでいく。「安徳天皇縁起絵図」を見て壇ノ浦の戦いの様子を読み取る中で，よく知らなかっ

た船の戦い，逸話として語られてきた出来事などが子どもたちのイメージを広げていく。そして，後半に「本当に潮の流れが変わったことが源氏が勝利した原因なのか」と，子どもたちのイメージをひっくり返す。子どもたちはドラマティックな展開にわくわくどきどきしながら問題解決を行っていくと思われる。

4 ── 鎌倉に寺が多いのは
なぜだろう？
~武士による政治の始まり②~

1 「武士による政治の始まり」とは

　「武士による政治の始まり」では，源頼朝が平氏打倒の兵を挙げた頃から鎌倉に幕府が置かれた頃までを取り上げる。「源平の戦い」「鎌倉幕府の始まり」「元との戦い」の三つの社会的事象を手がかりに，鎌倉に幕府が置かれた頃に武士による政治が始まったことを理解するのがねらいである。

　「鎌倉幕府の始まり」は，朝廷から認められ全国に守護や地頭を置いた頼朝が鎌倉に幕府を開き，武士による政治の仕組みをつくり上げたことを理解することがねらいである。そのために，頼朝がどのような政治の仕組みをつくったかという問いを設け，幕府が開かれた鎌倉，頼朝の業績や幕府の仕組みを調べることになる。

　しかし，業績や仕組みを調べる学習では，ただ，知識を獲得することが主になり，子どもにとってつまらない学習になってしまう。歴史の学習においても，子どもがわくわくどきどきするような授業を展開したい。そのためには，「なぜ」「どうして」という問いを工夫して，子どもが主体的に取り組むようにしたい。

2 主体的・対話的で深い学びを引き出す教材

(1) 古都鎌倉と子どもたち

　鎌倉といえば，多くの歴史的遺産や豊かな自然環境に恵まれた魅力的なまちである。東京から最も近い古都として年間2000万人以上の観光客が訪れてい

78

る。4月，子どもたちは社会科の学習を兼ねて遠足で鎌倉へ行った。実際に街の中を歩くことによって，鎌倉の地形や自然を肌で感じることはできた。しかし，「なぜ頼朝がここに鎌倉幕府を開いたのか」「なぜ鎌倉に多くの寺があるのか」などの疑問を感じた子どもはほとんどいなかった。

(2) 源頼朝が鎌倉に幕府を開いたのはなぜか？

源頼朝が征夷大将軍に任じられ，日本で初めて武士が政治を行った場所が鎌倉である。そのために，鎌倉は幕府が機能的に整備したまちでもある。鎌倉は北，東，西を山に囲まれ，南は海に面している。つまり，鎌倉全体が大きな城のようになっているのである。この「敵から守りやすい地形」が頼朝が鎌倉に幕府を開いた理由の一つである。その他にも，

・源氏にゆかりのある土地だった。
・京都から離れた所だった。
・源氏の味方が多かった。
・源氏は自分たちの土地を大切にした。
・馬の供給地が関東，東北だった。
・奥州藤原氏に対して遠征しやすい。
・便利な川があった。
・地下水に恵まれていた。
・交通の要地だった。
・よい港に恵まれていた。
・良質な砂鉄の産地だった。

等，様々な理由がある。

頼朝が鎌倉に幕府を開いた理由

● 「敵から守りやすい地形だった」

　　鎌倉市は，北・東・西の三方を，標高 50～100 メートルくらいの丘に
囲まれている。丘のふもとは，谷が多く複雑な地形である。また，市の
南がわは，相模湾に面している。頼朝の時代には，周りの丘と海が，敵
の攻撃から守るための要塞になっており，守りやすい土地とされていた。

● 「源氏にゆかりのある土地だった」「源氏の味方が多かった」

　　平安時代に，清和天皇の孫である経基が源の姓をもらい，関東に赴任
したのが始まりである。平家は西国を中心に栄えたので，その反対勢力
として東国は源氏に味方する武士が多かった。1028 年に千葉県を支配
していた平忠常が反乱を起こし，源頼信に降伏する。この乱の後，鎌倉
に住んでいた平直方が，娘を頼信の子の頼義と結婚させた。頼義やその
子義家は，鎌倉に住んだので，それ以後，鎌倉は，東国における源氏の
拠点になった。頼朝の父の義朝や兄義平も鎌倉に住んでいた。このよう
に，鎌倉は源氏にゆかりのある土地だったのである。

● 「京都から離れた所だった」

　　京都は，平安京ができてから貴族が自分たちを中心とする政治を行っ
てきた土地である。そこでは，古くからの様々な仕組みやしきたりが守
られてきた。武士が自分たちが中心となる新しい政治のしくみを進めて
いくためには，貴族が決める官職（役職）や古いしきたりなどにとらわ
れない新しい環境が必要であった。また，京都の周りは比叡山などの仏
教勢力が強く，政治に介入してくることも多かった。新しい土地で新し
い政権を開きたかった。そこで，京都からはなれた鎌倉を選んだのである。

● 「源氏は自分たちの土地を大切にした」

　　平家は商業重視の勢力で，瀬戸内の海運などで富を蓄えた。一方，源
氏は農業型の勢力であった。そのこともあり源氏は土地を大切にした。

● 「馬の供給地が関東，東北だった」

東国武士の得意は馬術であった。当時は馬の供給地は主に関東や東北だった。そのために、東国に本拠地を置いたほうが有利であった。
● 「奥州藤原氏に対して遠征しやすい」
平氏滅亡後、源氏の敵は奥州藤原氏であった。京都に本拠を置くと、遠征するのに遠かった。関東に本拠地を置いたのはそのためでもあった。

その他、次のような理由もあった。
「便利な川があった」「地下水に恵まれていた」「交通の要地だった」「よい港に恵まれていた」「良質な砂鉄の産地だった」

(3) 鎌倉時代の寺の役割

実際に鎌倉を歩いてみると、実に寺が多いことが分かる。ところが、地図をよく見てみると、寺の多くは山の周辺と海の辺りに集中している。その主な理由は、鎌倉を敵から守るためである。

例えば、山の方にある大きな寺は、鎌倉に通じる交通の要にあり、敵の侵入を防ぐために軍事基地としての役割も担っていた。また、行き交う人が多かったので、情報を交換する場所としても利用された。

子どもたちに寺は何をする場所かと聞けば、仏教を広める場所、お葬式や法事をする場所だと答えるであろう。しかし、中世の寺は権力と財産により、当時の学校としての役割だけでなく、今の官庁と大企業を一体化したような存在でもあった。このように、当時の寺は様々なことに活用されていたのであった。

鎌倉にお寺が多いのはなぜ？

鎌倉は、源頼朝が1192年に征夷大将軍に任じられ、日本で初めて誕生した武家政権の政治の中心地となった所です。鎌倉は、北、東、西を山に

囲まれ，南は海に面していました。そのために，敵の進入を防ぐのに適していました。鎌倉に入る道は，がけを切り落とし，切通しにしました。切通しは，細くけわしい坂道になっていました。また，鎌倉のまわりの山は外側を垂直に削り落としました。鎌倉全体が大きな城のようになっていました。

　ところで，鎌倉は，建長，円覚，寿福，浄智，浄妙寺の五山を初めとして，お寺が多いことでも有名です。多くの観光客がお寺巡りに訪れます。

　では，どうしてこんなにお寺が造られたのでしょうか。

　鎌倉武士が鎌倉にやってくる大きな入り口は，敵の侵入を防ぐために軍事基地をおく必要がありました。そこで，建長寺などの大きなお寺が建てられました。大きな寺は，防御の役割だけでなく，食料を用意する場所，情報を交換する場所としても重要な役割を果たしていました。そのいずれも幕府が保護した栄西が開いた禅の教えである臨済宗の寺であることからもよく分かります。今でも鎌倉の山側には，禅宗のお寺がたくさん集まっています。また，北条氏一門の屋敷や別荘も鎌倉の出入口をかためるように配置されました。

　また，入り口の周辺は，盛場，刑場，病気になった人や貧しい人達の追放先になっていました。また，死体の捨て場になっていたともいいます。そのために，これらの寺では，人々を救ったり，死んだ人を弔うことも行っていました。

　一方，頼朝が鎌倉に入る以前にあった旧仏教系のお寺は，鎌倉の中の方に集まっています。また，鎌倉新仏教のお寺は，鎌倉の南の方に多くあります。この辺りは，商業地として栄えたところです。新仏教が庶民を中心に広まっていったのを物語っています。例えば鎌倉大仏を建てたのは浄光という僧でした。南無阿弥陀仏ととなえると極楽へいけるという法然が開いた浄土宗の僧でした。

　鎌倉には，たくさんのお寺があります。しかし，それらのお寺が多いのには，このような理由があったのです。お寺の場所や役割は，当時の政治

82

Ⅱ章　深い学びが生まれる社会科授業

や人々の願いとしっかり結びついていたのですね。

山下真一『社会のなぞ』草土文化

3 「社会的な見方・考え方」を引き出す授業

　授業は，鎌倉のまちの特色を話し合うことから始めた。春の遠足で見た鎌倉のまちの様子を振り返りながら意見を発表させた。
「坂が多い。山に囲まれている」
「古い建物がたくさん残っている」
「寺がたくさんある」
「神社もあった」
「鎌倉にも大仏があった」
など，鎌倉の特徴である古い建物，寺などの言葉が出たところで，授業の内容である寺のことについて話を進めていく。
「源頼朝は，なぜ鎌倉に幕府を開いたのか？」
という本小単元の学習問題に対して，子どもたちは様々な予想を考えた。その中には，
「京都の仏教勢力が政治に口出ししないために」

という予想をする子どももいた。しかし，実際には鎌倉も寺が多い。この矛盾を取り上げ，「鎌倉にはどのくらいの寺があるのか」という問いを行った。
　まず，鎌倉にはどれくらいの寺があるか予想する。そのようなことは考えたことがなかったのでハッとした子どもが多かった。多くの子どもは，これまで

83

に学習した京都の寺の様子と比較しながら予想をしていった。

```
鎌倉    120  （ 39.67km²）
京都   1700  （823.83km²）
```

　このように，鎌倉と京都の寺の数を教師の方から子どもたちに示した。鎌倉120に対し，京都は1700であった。しかし，よく見ると，鎌倉は狭い土地の中に120もの寺があるのである。比較してみると，鎌倉の方が寺が密集していることが分かった。子どもたちはこの意外な結果から鎌倉の寺について関心が高まったようだ。

　鎌倉にはたくさんの寺があったことが分かったところで，どこに寺があるのかを確かめていった。鎌倉の地図を比べ，寺の場所を赤鉛筆，蛍光ペンで○をつけ，寺の分布を調べていった。そして，気づいたことを発表させた。
「寺は山側に多い」
「海岸の近くにも寺が集まっている」
「まちの中央や東側にある」
「大きな道沿いに集まっている」
「川沿いにある」
「寺はかたまっている」
　地図で確かめてみると，鎌倉には本当に寺が多いことが分かる。また，寺の

II章　深い学びが生まれる社会科授業

分布を見ると、山の方に寺が多い。子どもたちは、なぜ寺が山の方にあるのか、寺は何のためにあるのか、なぜ平野に少ないのかなどの疑問が生まれてきた。

そこで、

「鎌倉に寺が多い一番の理由は何だろう？」

という学習問題を設け、予想を立てた。これまでの学習を振り返り「自分ならでは」の考えで予想させた。また、予想は一つ考えるのではなく、いくつかの考えを挙げ、その中から選ぶようにさせた。

「権力者（お金持ち）が多かったから」
「敵から守りやすい地形だったから」
「源氏にゆかりのある土地だったから」
「京都から、はなれた所だったから」
「ご先祖様をお迎えするため」
「武士を見守るため」
「休憩するため」

そこで、

「なぜ寺が山の方に多いのか？」

と尋ねた。この問いによって、子どもたちは自分の考えがゆさぶられ深く考えていくことになった。

また、寺の写真を示し、当時の寺の役割や建物の大きさなどを考えさせた。さらに、「『いざ鎌倉』のとき、武士が泊まったり休んだりする場所はどこだろう？」にもふれ、子どもの考えをゆさぶるようにした。

子どもたちは次のように答えた。

85

「戦いに勝つために」
「京都に対抗するために」
「位が高い人が仏教を信仰していたから」
「亡くなった人のために」
「仏教を信じていたから」
などの考えをもつことができた。この中から一つを選ぶように声をかけ，自分の考えをきめ直しさせた。

本実践では，子どもがよりよい考えを生み出すために「きめ直し」のポイントとして次の点を重視することにした。

・頼朝の立場に立って考える。
・頼朝が鎌倉に幕府を開いた理由をたくさん考える。
・「頼朝が一番重要だと考えた理由は何か」という問いを設ける。
・友達と考えを伝え合い，自分の考えを「きめ直す」場面を設ける。
・教師が子どもをゆさぶる資料を準備する。

子どもたちの考えは等しくちらばったが，中では「仏教を信じていたから」を選んだ子どもが多かった。

最後に，教師から資料を示し，その他に，「敵を迎え撃つ基地にするため」「情報収集のため」などの理由があったことを紹介して今日の授業のまとめをした。そして，自分の学習の振り返りを行った。

4 目 標

「鎌倉幕府の始まり」について，鎌倉幕府が開かれた場所や守護や地頭の配置の様子を地図などの資料で調べ，年表や白地図などにまとめることを通して，源頼朝が鎌倉に幕府を開き，武士による政治の仕組みをつくり上げたことを理解するとともに，この頃の世の中の様子を考え，文章で記述したり説明したりすることができるようにする。

5 指導計画 (7時間)

第1時　なぜ源頼朝は鎌倉に幕府を開いたのか？
第2時　鎌倉幕府の仕組み
第3時　「いざ鎌倉」と「ご恩と奉公」
第4時　鎌倉に寺が多い理由の一番は何か？〈本時〉
第5時　頼朝と鎌倉幕府（自分の考えのきめ直し）
第6時　北条時宗と元との戦い
第7時　竹崎季長と「ご恩と奉公」

6 本時の指導

(1) ねらい

　鎌倉に寺が多いことについて，地図や資料で調べ，寺には仏教の教えを広めるだけでなく，情報，宿泊や軍事的な拠点としての役割があることを理解するとともに，鎌倉幕府の仕組みについて考えるようにする。

○授業構造図

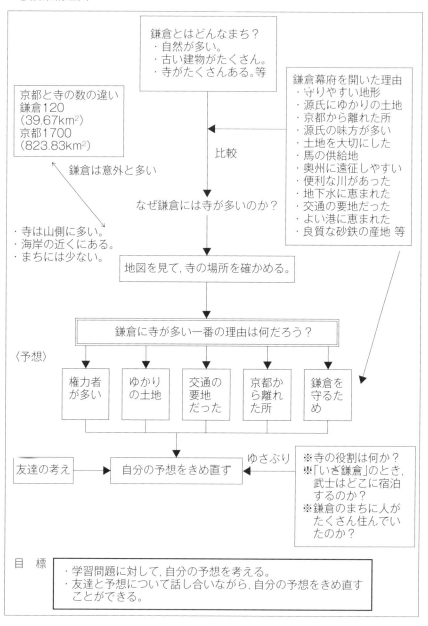

II章　深い学びが生まれる社会科授業

(2)　展開

学習活動と内容	・資料　○指導上の留意点
1　鎌倉のまちの特色を話し合う。 ・自然が多い。 ・古い建物がたくさん残っている。 ・寺がたくさんある。	○4月，鎌倉遠足で見たまちの様子を振り返るようにする。
2　鎌倉の寺の数や分布を調べる。 (1)　京都と寺の数を比べる。 ・鎌倉 120（39.67km²） ・京都 1700（823.83km²） (2)　地図を見て，寺の場所を確かめる。 ・寺は山側に多い。 ・海岸の近くにも寺が集まっている。 ・まちの中にもある。	○京都の寺の数と比較し，子どもに意外性をもたせるようにする。 ・鎌倉と京都の寺の数 ○寺の地図記号に赤鉛筆か蛍光ペンで色をつけ，寺の分布がよく分かるようにする。 ・鎌倉周辺の地図
3　学習問題を設け，予想を立てる。 鎌倉に寺が多い一番の理由は何だろう？ ・権力者（お金持ち）が多かったから。 ・敵から守りやすい地形だったから。 ・源氏にゆかりのある土地だったから。 ・京都から，はなれた所だったから。	○これまでの学習を振り返り「自分ならでは」の考えで予想する。 ○予想を一つ考えるのではなく，いくつかの考えを挙げ，その中から選ぶようにする。
4　寺が山側に集まっている理由を話し合う。 なぜ寺は山の方に多いのか？ ・離れた場所で修行をするため。 ・敵を迎え撃つ基地にするため。 ・情報収集のため。	○当時の寺の役割や建物の大きさなどにふれ，子どもの考えをゆさぶるようにする。
5　寺の役割を確かめて自分の考えをきめ直す。 ・「いざ鎌倉」のとき，武士が休む場所	・鎌倉の中心部に住んでいた人の数 ○「『いざ鎌倉』のとき，集まった武士はどうしたのか」とゆさぶり，子ども

89

は？	たちの考えを深めたい。
6　今日の学習を振り返る。 ・鎌倉時代の寺は，今とは役割が違う。 ・自分の予想は当たっていた。	

■**本単元に見られる「深い学び」の姿**

> 子どもが追究したくなる資料を用意し，教師が問いを工夫すると，わくわくするストーリーが生まれ，深い学びにつながる。

「源頼朝は，なぜ鎌倉に幕府を開いたのか？」
という学習問題に対して，子どもたちは様々な予想を考えるはずである。
その中には，京都に都が移った要因を思い出し，
「京都の仏教勢力が政治に口出ししないために」
という予想をする子どもがいると思われる。
　また，京都には長い歴史があり，広い土地と寺が多いことを学んでいる。

Ⅱ章　深い学びが生まれる社会科授業

この子どもの知っているつもりの知識に対して、

「鎌倉にはどのくらいの寺があるのか」

という問いをした。地図で確かめてみると、鎌倉には京都より寺が密集していることが分かる。

また、寺の分布を見ると、山の方に寺が多い。子どもたちには、なぜ寺が山の方にあるのか、寺は何のためにあるのか、なぜ平野に少ないのかなどの疑問が生まれてくるであろう。このように、表面的な知識だけでなく本質に迫っていく学びの過程こそが深い学びと考えることができる。さらに、

「なぜ寺が山の方に多いのか？」

と問う。この問いによって、子どもたちは自分の考えがゆさぶられ、自分の考えをきめ直すことになった。この自分の考えをきめ直す姿こそ深い学びである。つまり、子どもがよ

りよい考えを生み出すための学びが深い学びだと考えることができる。

本実践では、教師が子どもをゆさぶる問いを工夫したことがポイントである。

> 子どもが仲間と考えを伝え合うことを通して、自分の考えをきめ直す場面を設けると、深い学びが生まれる。

深い学びでは、子どもの主体的な追究や仲間との対話を大切にしたい。

本実践では、子ども一人一人が自分の考えを出し合い、それを共有し、比べたり意見を述べ合ったりする活動を重視した。そのために、子ども一

91

人一人が問題意識や目的意識をしっかりもっておくようにした。

子どもがより主体的になり，多くの対話が生まれたことによって，思考力や表現力が育まれ，深い学びにつながった。

また，何よりも学びが楽しくなった。「やったー」という達成感や「自分はできるじゃないか」という気持ちを多くの子どもが味わうことができた。

II章　深い学びが生まれる社会科授業

5
竹崎季長はなぜ命がけで戦ったのか？
〜武士による政治の始まり③〜

1 「武士による政治の始まり」とは

　「武士による政治の始まり」では，源頼朝が平氏打倒の兵を挙げた頃から鎌倉に幕府が置かれた頃までを取り上げる。「源平の戦い」「鎌倉幕府の始まり」「元との戦い」の三つの社会的事象を手がかりに，鎌倉に幕府が置かれた頃に武士による政治が始まったことを理解するのがねらいである。

　本単元は，その中の「元との戦い」を教材化したものである。ここでは，北条時宗が九州の御家人を中心に全国の武士を動員し，元の攻撃を退けることを学習することになる。また，元と武士との戦いの様子を調べる場合，絵図や文書資料などを活用するようにしたい。本実践では「蒙古襲来絵詞」に登場する竹崎季長にスポットを当てて，彼の生き方に共感的に理解することを通して，深い学びにつなげていきたい。

　6年生の子どもたちは，歴史が好きである。特に，テレビドラマでよく登場する戦国武将や幕末の志士などには関心が高い。しかし，それらの歴史上の人物は，様々な作家が創作したものがあり，実在の人物像とは異なる場合も多い。人物の実像に迫る

ためには，様々な年表や資料を活用していくようにしたい。そして，歴史上の人物も私たちと同じように，様々な課題解決や，自分たちの願いに対して努力していたことを共感的にとらえさせたい。

93

2 主体的・対話的で深い学びを引き出す教材

(1) 竹崎季長

　竹崎季長は，肥後国竹崎郷（現熊本県宇城市松橋町）の出身である。菊池氏の一族ではあるが，所領はほとんどなかった。

　1274 年，文永の役が起こる。季長は 5 騎の馬を連れて戦いの場へ向かう。

---

①　元軍を破って陣に帰る菊池武房と赤坂で出会う。季長は，自分の戦いを見届けてほしいと頼む。

②　季長は，先駆けを行うために，逃げていく元軍を追っていく。

③　元軍と戦いで 3 騎が負傷する。

④　白石通泰や福田兼重など援軍が到着し助けられる。

　よく教科書に載っている馬に乗って戦っている季長の姿は，「蒙古襲来絵詞」のこの場面である。季長は，負傷しただけだったので，戦功とは認められなかった。また，恩賞ももらえなかった。

　しかし，1275 年 6 月，季長は「先駆けの功績を認めてほしい」と鎌倉幕府に直訴する。8 月には恩賞奉行である安達泰盛との面会を果たし，恩賞地として肥後国海東郷（現熊本県宇城市）の地頭に任じられる。季長が泰盛と対面できたのは，季長の烏帽子親である三井季成と幕府実力者とのつながりがあったからだといわれている。1281 年の弘安の役では，肥後国守護代・安達盛宗（泰盛の子）の指揮下において，志賀島の戦いやその他の海上での戦いに参陣する。敵の軍船に斬り込み，元兵の首を取るなどの活躍をして軍功を挙げた。ここでは，多大な恩賞を与えられた。

　戦後の 1293 年には元寇での自分の働きや鎌倉へ行ったことなどをもとにして「蒙古襲来絵詞」を描かせ，甲佐大明神へ奉納した。

　1293 年，熊本県宇城市に菩提寺・塔福寺を建立して出家し，法喜と号した。死後，その塔福寺に葬られた。

Ⅱ章　深い学びが生まれる社会科授業

(2) 竹崎季長と「蒙古襲来絵詞」

　「蒙古襲来絵詞」は肥後国の御家人である竹崎季長が作成したものである。この絵図には，文永・弘安の役（元寇）の様子が記録されている。竹崎季長が自分の功績を子孫に伝えるために描かせたものである。季長を中心とした元との戦いの様子が描かれており，軽装歩兵・集団戦術で戦う蒙古兵の姿や，軍船，使用した「てつはう」などの兵器が記されている。

　この原本（宮内庁所蔵）は，熊本藩士大矢野家が所蔵していた。18世紀末，この絵巻物が発見されると，大名や文人たちの関心をよび，多くの模本が作成された。この絵巻物は中世のものであるが，蒙古兵と日本騎馬武者の描写の違いなどから，最近では，後世に加筆があったという説が有力である。

(3) 元寇防塁

　元寇防塁は，元の襲来に備えて博多湾（福岡市）沿岸一帯に築かれたものである。高さは約2.5～3m。総延長は西の今津から東の香椎までの約20kmに及ぶ。本実践で扱う「生の松原」の防塁は，弘安の役の激戦地であった。しかし，この頑丈な防塁のおかげで，元の大軍は博多の地に上陸することができなかった。元寇後も異国警護体制は持続し，工事や破損箇所の修復が行われた。工事は鎌倉幕府滅亡の前年にあたる1332年まで行われている。御家人らに割り当てられた分担は，持っている領地の水田約10アールにつき約3cm，約1ヘクタールにつき約30cmと決められていた。内部には小石を詰め，陸側に傾斜を持たせて海側を切り立たせている。

　玄界灘に面した生の松原（福岡市西区）

は，弘安の役の激戦地であり，「蒙古襲来絵詞」にも描かれている。現在も遺構が残る。鎌倉武士と元軍が命がけで戦った場所でもあった。この防塁の上に座る菊池武房の前を通り過ぎる竹崎季長の姿（蒙古襲来絵詞）は，多くの教科書にも取り上げられている。

(4) 日本軍が勝ち，元軍が敗れた理由

> 1　博多地方の海岸線に防塁を築き，敵の上陸を防いだから。
> 2　元軍の戦法（弘安の役）は文永の役のときに分かっていたことや，前回に比べて御家人の統率がよかったから。
> 3　夜になると軍船を個々に襲うゲリラ戦が効果的だったから。
> 4　元軍は東路軍・江南軍の二軍に分かれていたので，互いの連絡が悪かったから。このため両軍が同一の行動をするまでに時間がかかった。また，その間，兵士らの多くは船に乗り続けたので疲労していたから。
> 5　元軍の多くは宋や高麗の兵であり「やる気」がなかったから。
> 6　嵐が元軍の船をおそったから。

① 文永の役

　　1274年の秋，元軍は船900艘と兵員28000人で博多湾に侵入した。今津や百道に上陸し，祖原山に陣を構え，赤坂，鳥飼，箱崎などで激しい戦いを行った。元軍の集団戦法や毒矢・鉄砲という新兵器に苦戦し，水城まで退却した。戦いは，日暮れとともに終わり，元軍もその日のうちに船に引き上げた。ところが，神風があり，元軍はその夜に博多湾から撤退した。

② 弘安の役

1281年，南宋を滅ぼした元は，東路軍（元・高麗）と江南軍（元・南宋）合わせて軍船4500艘，兵員140000人の大軍で再び日本に向かった。日本軍は，

沿岸に防塁を築いてこれを迎えた。到着した東路軍は、今津から名島まで防塁が築いてあったので、防塁のない志賀島に上陸した。ここが弘安の役の主戦場になった。日本軍は文永の役の経験から元軍の戦法が分かっていたので、積極的なゲリラ戦術を行った。その結果、大いに元軍を悩ませることができた。竹崎季長もすね当てをかぶと代わりに、小舟に乗り込んで元の船に攻め込んだ。日本軍が元軍が上陸する前に船から攻撃することによって、戦いが有利になった。

③ 元軍が敗れた理由

　元軍が敗れた理由の一つは、騎馬民族であるモンゴル人は船上での戦いは苦手であったことが挙げられる。また、兵士の構成が高麗人や漢民族であったため、士気が低かったともいわれている。また、暴風雨によって多くの船が沈んだ理由は、船を服属させた高麗人やベトナム人につくらせたからといわれている。彼らはモンゴル人の支配に不満を募らせていたので、輸送船づくりに手を抜いていたのであった。その結果、元軍は船の7～8割を失うことになった。

④ 鎌倉幕府が衰退した理由

　鎌倉武士たちも天皇のためや日本のためにだけ戦ったのではなく、家族や自分たちの生活のために戦ったのであった。季長は自分の土地を守るために、家族のために手柄を立てて恩賞をもらうための必死の戦いであった。そのために、季長は「先駆け」の功を果たすために命がけであった。この季長の行動からも分かるように、この時代、武士の生活は経済的に困窮し、次第に幕府と御家人との関係が崩れていくことになる。

　本実践では、この季長の願いや戦いの様子に着目しながら、鎌倉幕府の衰退の理由について話し合うことにした。

鎌倉武士はなぜ一騎打ちを挑んだのか？

　日本の武士は「やあやあ我こそは、肥後の国の竹崎季長である」と名乗

りを上げてから，敵に対して一騎打ちの戦いを挑む。正々堂々と敵に向かう日本の侍・武士の美徳のように思われがちであるが，実際には将軍から恩賞を受け取るために自分の名前を名乗ることは必要な作法であった。この名乗りの作法は，モンゴル軍に対してではなく，後で恩賞を受けるため味方に対して行ったものだともいわれている。

　よく考えてみると，日本語が通じるわけがないモンゴル人に自分の名前を聞かせたところで意味がないから当然である。恩賞が目当てだったとすれば，武士が「誰が最初に敵軍に突っ込むか」という先駆けを競った理由もよく分かる。恩賞は先駆けをした者に与えられる。それが武家のならいだったのである。また，当時の武士が一騎打ちを挑んだ理由も同様である。一対一でなければ，誰が戦功を挙げたのか判断がつかなくなってしまうからある。

　だからこの時代の武士には，「全軍一丸となって」といった戦いはなかったのである。

3　「社会的な見方・考え方」を引き出す授業

⑴　意図的「混沌」の場の設定と「関係づけ」

　子どもの社会的な見方・考え方を引き出すために，次の4点を考えた。

---

① 「なぜ」「どうして」「どっち」など根拠や立場を聞く問いを工夫する。
② 答えが分からない，答えが一つでないように様々なとらえ方ができる，つまり様々な「関係づけ」ができる資料，事象を工夫する。
③ ①と②を効果的に組み合わせて，「自分なら，こう考える」「分からないけど，解決したい」というような切実感や知的好奇心がもてる問いや活動を工夫する。
④ 様々な見方や考え方を認め合える教師や仲間とのかかわりを工夫する。

一般的な決まり切った答えではなく,「自分だったら〜」「こうも考えられる」というように子どもから社会的な見方・考え方を引き出すようにした。また,「答えがない」「立場が違う」「価値判断が求められる」「ゆさぶる」「振り返る」「既知から未知へ」「知ってるつもり」などを生み出す教材を用意し,子どもの知的好奇心や切実感を引き出すような活動を工夫した。また,子どもが興味・関心をもつ「問い」,子どもが意外に思う「問い」,切実感がある「問い」,などを資料と絡ませて「混沌」の場面を設けることにした。

(2) **授業の実際**

本時では,次のように授業を行った。

① 元寇防塁(生の松原)の様子と役割

授業は,弘安の役での激戦地であった,生の松原にある元寇防塁の写真や資料を読み取ることから始めた。防塁の様子や特徴について詳しく話し合った。
「石で頑丈に築いてある」
「かなりの高さに石が積んである」
など,子どもたちは写真から読み取れる事実をとらえることができた。

次に,地図帳で生の松原がある場所を調べ,中国との位置関係をとらえることにした。これらの活動を通して,鎌倉武士が高さ2m以上の防塁がある場所でど

のように戦ったのかについて問題意識をもたせたいと考えた。

② 防塁を活用した武士の戦い

海から攻めてくる約4万もの元軍に対して鎌倉武士たちは防塁の前でどのように戦ったのかについて話し合った。
「登ってくるところを攻撃する」
「上から火を投げる」

「弓矢で狙う」
「近くに寄せないようにする」
「登ってくる元軍にお湯をかける」

　子どもたちは、自分がもっている知識と結びつけながら、鎌倉武士がどのように戦ったかについて考えた。子どもたちのイメージがふくらんだところで、防塁について説明した。

　③　防塁の前を通り過ぎる竹崎季長

　「蒙古襲来絵詞」は竹崎季長や菊池武房を中心に絵がえがかれていることをじっくり読み取らせた。竹崎季長の様子について、子どもは資料から次のように読み取った。

「笑っている」
「余裕があるように思う」
「堂々としている」
「勝ったというような感じがする」

　この後、竹崎季長が防塁の前を堂々と通り過ぎる理由について、文永の役の戦いや菊池武房との関係について簡単に説明した。

　④　元軍の船に乗り込み、一人で戦う季長

　資料「蒙古襲来絵詞」絵十六を示し、船に乗り込み、誰よりも先に元軍と戦っている竹崎季長に注目させた。そして、次のような本時の学習問題を設定した。

> 元寇防塁があるのにもかかわらず、なぜ竹崎季長は、船の上で命がけで戦ったのだろうか。

Ⅱ章　深い学びが生まれる社会科授業

　子どもたちの多くは，鎌倉幕府と御家人の主従関係「ご恩」と「奉公」と関連づけることができた。しかし，中には竹崎季長の思いに共感的に考える子どももいた。「武士の名誉」「自分の誇り」など，人間的な季長の心情に同感する考えもあった。

　⑤　もし，自分が季長だったらどうするか？

　最後に，自分が季長だったらどうすべきか，季長の立場になって考えることにした。その結果，季長は幕府のためより，自分の生活を守るためだったことに気づくことができた。

4　目　　標

　源平の戦い，鎌倉幕府の始まり，元との戦いについて，人物の働きや代表的な文化遺産を中心に年表や絵図，資料などを活用して調べ，武士による政治が始まり，幕府が全国的に力をもったことが分かるようにする。

5　指導計画（6時間）

第1時　武士ってなあに？
第2時　決戦壇ノ浦の戦い
第3時　源頼朝と鎌倉幕府
第4時　時宗，元の大軍と戦う
第5時　竹崎季長はなぜ命がけで戦ったのか？〈本時〉
第6時　新聞にまとめよう！

6　本時の指導

⑴　ねらい

　弘安の役では，元寇防塁があるのにもかかわらず，竹崎季長は元軍の船に乗り込み命がけで戦った理由について話し合い，御家人の経済的貧窮によって「ご恩」と「奉公」の関係が揺らぎはじめたことについて考える。

101

○授業構造図

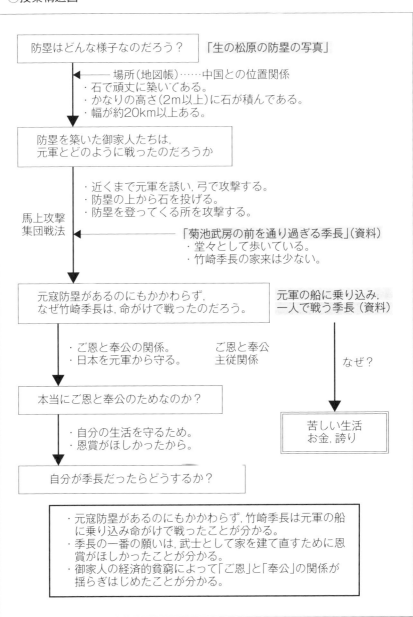

Ⅱ章　深い学びが生まれる社会科授業

(2) 展開

学習活動と内容	・資料　○指導上の留意点
1　弘安の役の激戦地であった生の松原の元寇防塁の写真や資料を見て話し合う。 (1)　防塁の様子や特徴について話し合う。 ・石で頑丈に築いてある。 ・かなりの高さに石が積んである。 ・幅が約20km以上あるので元軍は困るだろう。 (2)　生の松原で御家人と元の大軍が戦った様子について話し合う。 防塁を築いた御家人たちは元軍とどのように戦ったのだろうか？ ・近くまで元軍を誘い弓で攻撃する。 ・防塁の上から石を投げる。 ・防塁を登ってくる所を攻撃する。	・資料「生の松原の防塁の写真」 ○地図帳で生の松原の場所を調べ中国との位置と関係をつかませる。 ○防塁の特徴について話し合い、高さ2m以上の防塁をどのように使ったのか考えさせたい。 ○戦いの様子が分からない子どもには元軍は馬上からの攻撃や集団戦法が主であったことを知らせる。
2　生の松原の防塁を警護する菊池武房の前を通り過ぎる季長について考える。 ・堂々として歩いている。 ・なぜ防塁の前を歩いているのだろうか。 ・竹崎季長の家来は少ない。	・資料「蒙古襲来絵詞」絵十二 ○竹崎季長や菊池武房を中心に絵にかかれていることをじっくり読み取らせるようにしたい。 ○竹崎季長が防塁の前を堂々と通り過ぎる理由について考えさせたい。 

3　元軍の船に乗り込み一人で戦う季長についてその理由を話し合う。 元寇防塁があるのにもかかわらずなぜ竹崎季長は命がけで戦ったのだろうか。 ・ご恩と奉公の関係があったから。 ・日本を元軍から守りたかったから。 ・自分の生活を守るため。 ・恩賞がほしかったから。	・資料「蒙古襲来絵詞」絵十六 ○絵十六を見て竹崎季長が一人先頭で戦っていることに注目させたい。 ○鎌倉幕府と御家人の主従関係とご恩と奉公とを関連づけるなど様々な考えを取り上げ認めてあげたい。
4　自分が季長だったらどうすべきか季長の立場になって考える。	○この時代のご恩と奉公は幕府のためより自分の生活を守るためであったことを考えさせたい。

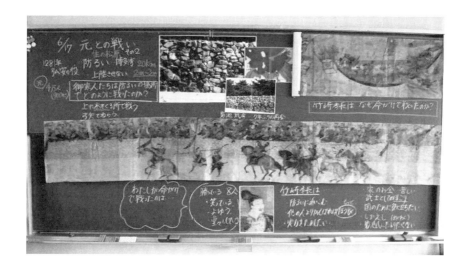

■本単元に見られる「深い学び」の姿

　子どもの考えは，事実と事実を新たに結びつけたり，それらの関係性を変化させたりしながら生み出される。これまでの誰もが認めていた事実や

それらの関係に自分なりの解釈を加え，新たな事実と新たなつながりをつけることによって生まれるのである。ただ，その考えは一般的な決まり切った答えや，誰かの意見に従うような答えではなく，子どもが社会的な見方・考え方を働かせて生み出した答えであることが大切である。

　資料と教師の「問い」を効果的に活用して，答えがたくさんある，答えが分からない，でも知りたい，解決したいという状態を「混沌」の場と考える。すると，その意図的な「混沌」の場では，「答えを見つけたい」「どうして」という問題意識が生まれ，様々な「関係づけ」が行われることになる。そうすることで，これまでの価値が再構築され，「自分ならば」という独自の考えが生み出される。

　このプロセスそのものが「深い学び」だと考えることができる。「深い学び」を生み出すのは，教師がいかに意図的に「混沌」の場を設定するかにかかっている。

6

真田幸村と大坂の陣
～江戸幕府の始まり①～

1 「江戸幕府の始まり」とは

　「江戸幕府の始まり」では，徳川家康が関ヶ原の戦いに勝利を収め，江戸に幕府を開いたことを調べ，江戸幕府による政治が始まったことを取り上げる。

　つまり，ここでは関ヶ原の戦いの様子や家康による江戸のまちづくりなどを調べることが中心になる。しかし，それらの事実を調べるだけではなく，当時の人々の生き方や考え方に迫るような小学校らしい歴史学習を展開したい。そこで，本実践では，大河ドラマ（2016年）で話題になった真田幸村を取り上げ，彼の生き方に迫ることを通して，「江戸幕府の始まり」について学ぶことにした。

　真田幸村は，日本人の中でもNo.1ともいえる歴史上の英雄として知られている。一般に歴史上の人物として人気があるのは，聖徳太子，源義経，織田信長，豊臣秀吉，吉田松陰，西郷隆盛，坂本龍馬が挙げられる。これらの人物は教科書にも登場するのでよく分かるが，映画，小説，ゲーム，マンガ……そしてNHK大河ドラマなどでは，真田幸村の人気は絶大である。子どもたちにとっても真田幸村はヒーローであり，関心深い人物である。この真田幸村を教材として取り上げることによって，子どもたちは容易に問題意識を高めることと思われる。また，彼の生き方や考え方にふれながら，わくわくしながら授業に引き込まれていくと思われる。

　ところで，真田幸村が活躍した大坂の陣は，単に関ヶ原の戦いの延長戦としてとらえるのではなく，関ヶ原の戦いで職を失った牢人たちが決起した戦いとしてとらえることができる。実は，江戸幕府はこの牢人たちの処遇に一番頭を

悩ませていたのであった。さらに、この牢人たちの反乱は、島原・天草一揆につながっていく。そう考えると、関ヶ原の戦いと同様にこの大坂の陣は取り上げる意味がある教材である。

2 主体的・対話的で深い学びを引き出す教材

(1) 真田幸村と真田丸

真田幸村は戦国時代の終わりから江戸時代初期にかけて活躍した人物であるが、徳川家康と豊臣秀頼との最後の戦いである「大坂の陣」での活躍以外は、幸村の存在は当時の人々にはほとんど知られていない。そのことは、そ

れ以前の歴史を含め、彼の実像がほとんど分かっていないことを物語っている。謎だらけの人物である。「名前は知っている」「何となくすごいらしい」というこの人物像は、歴史のロマンとして様々な解釈ができるので、子どもたちに教材として取り上げるのに面白い人物である。

また、大坂夏の陣では、冬の陣の講和によって真田丸をはじめとして、防衛のための堀がほとんど埋められてしまう。あとがない豊臣方は積極的に攻撃をしかけることを余儀なくされる。幸村は、ここで勇猛果敢な働きをする。最後は敵味方入り乱れる大混戦となり、幸村は幾重もの敵陣を突破し、ついに「家康本陣」まで到達する。「あと一歩で家康の首を取る」ところまで迫る大活躍を見せたのである。

このように、勝ち目がない戦いの中で、「少ない人数で大軍を翻弄させた」というところがかっこよいと、江戸時代から数多くの作品がつくられてきたのである。彼の人気が現在も続く理由は、次の三つが考えられる。

① 義理がたい人物。豊臣家のために命をかけた悲劇のヒーロー
　幸村は、真田家に次男として生まれる。武田氏を始めに、次々に主君を

変えていく真田家。関ヶ原の戦いを境に高野山九度山に流されるなど，不遇な生活を送ることになる。

復権への希望を信じて，やがてチャンスをつかむと徳川軍に対して大活躍をし，天下にその名を轟かせる。しかしそれもつかの間，大坂夏の陣で力及ばず，華々しく散っていく。このストーリーは，源義経をはじめとする，私たち日本人の最も好む「悲劇の英雄」でもある。

② 人生のほとんどが「謎」であるので，様々な脚色を加えやすいこと

真田幸村の若い頃の様子を立証する具体的で確実な記録がほとんど残されていないのに，最後の数年の活躍があまりにも華々しかったために，その活躍に釣り合う架空のエピソードが多く創作された。

③ 「家康（幕府）を懲らしめる正義（庶民）の味方」という時代の流れがあったこと

大坂の陣での幸村は，江戸時代に評判を呼ぶことになる。それは，当時の人々の日常生活の不満を「お上（幕府）に立ち向かう英雄」の活躍に転嫁しようとしたからである。

最近では，幸村が大坂夏の陣の前に家族や親類縁者に対し，自分が豊臣方に参加することを深く詫びる手紙を数多く残していることが明らかになった。自分が次の戦い（夏の陣）ではまず生き残れないことを悲観しながらも，決して逃げることなく，自らの運命を最後の瞬間まで全うするなど，人間的にも共感できる人物でもある。

実際の幸村は勇敢な武将とは言えなかったところもある。上田市立博物館(長野県)が所蔵する「真田幸村画像」には，ちょびひげを生やし，温和な表情を浮かべ，裃姿で座っている小柄な幸村の姿を見ることができる。また，幸村の兄・信幸の言葉には，「左衛門佐は，ものごと柔和忍辱，物静かで，言葉少なく，怒り腹立つことがなかった」。柔和で心優しい人物でもあった。

また，大坂に入城したときもいろいろと周りに気を配っているという記録もある。日常は穏やかでありながら，いざというときは武勇を発揮する。その性

Ⅱ章　深い学びが生まれる社会科授業

格が多くの人から信頼を集め，大坂の陣では，まとまりのない牢人たちを見事にまとめたのであろう。

　また，大坂夏の陣直前の手紙では，その必死の覚悟を述べているが，悲壮がかったりしておらず，淡々と述べられてもいる。その手紙からも幸村の性格を読み取ることができる。

(2)　**真田幸村と大坂の陣**

①　大阪冬の陣

　1614年，方広寺鐘銘事件後の冬，戦いの口実をつくった家康は，豊臣家を滅ぼすべく大坂城にいる豊臣家に戦いをしかけたのであった。家康の挑発にのった豊臣方は，豊臣秀頼と母である淀殿を中心に，大坂城に立てこもる
ことにした。現役の大名は，誰も味方しなかったが，所領を失った大名や牢人が集まり，およそ10万人となった。一方，徳川家康は息子の将軍秀忠とともに10月1日に出陣。諸大名の軍勢と合わせて約20万の軍勢で，大坂城を包囲する。そして11月15日，家康は大坂城の西南，茶臼山（現在，天王寺動物園）に陣を敷き，攻撃を始める。多くは，徳川方が豊臣方の砦を攻略するなど勝利するが，豊臣側も，関ヶ原の戦いのときに上田城で秀忠を釘付けにした真田昌幸や後藤又兵衛基次らが奮戦をする。真田信繁らは，大坂城に頼らず，様々な場所へ打って出て敵を混乱させる作戦を提案したが，淀殿や豊臣家を仕切っていた大野治長，治房兄弟らは取り上げなかった。それどころか，大坂城内からは「真田幸村は，兄の信之の関係から敵のスパイかもしれない」と濡れ衣を着せられたのであった。

　冬の戦いは寒いので，戦いが長期化することになれば，兵士たちの士気にかかわる。そこで，家康は，戦いを早く終わらせるために，イギリスなどから輸入していた大砲で大坂城に向けて撃ったのであった。さらに，わざと豊臣方に見えるように大坂城に向けた地下トンネル工事を開始した。これには，淀殿が

109

びっくりして，家康が提示してきた和睦を受け入れることになった。家康方からは本多正純，そして家康側室の阿茶局，豊臣方からは淀殿の妹，常高院（浅井初）が出席して和睦が調印された。このとき結ばれた和睦の条件は，本丸を残して二の丸，三の丸を破壊し，外堀を埋める代わりに豊臣秀頼の身の安全を保障，豊臣に味方した者たちへ責任を問わないことが示され合意した。家康はさっそく，三の丸の破壊に取り掛かり，さらに二の丸まで壊してしまった。もちろん真田丸も破壊した。これに淀殿らは激怒したのであった。

② 大阪夏の陣

　豊臣方は再び挙兵の準備を始める。家康も出陣。豊臣方は大坂城から出陣し，大野治長が大和郡山城を陥落させ，さらに堺の町を焼くなど果敢に戦いを挑む。しかし，集められた兵士は5万人程度しかなく，約10万人の徳川軍に次第に追い詰められることになる。後藤又兵衛や木村重成など，豊臣方の主要な武将が戦死していった。決戦となったのが5月7日の天王寺・岡山合戦である。豊臣方の毛利勝永は，徳川軍の先鋒である本多忠朝を討ち取り，家康の本陣向けて一気に突撃する。さらに，真田幸村も家康めがけて突撃を始める。家康本陣に接近し，家康は二度も自害を考えることになった。しかし，さすがに兵の多

Ⅱ章　深い学びが生まれる社会科授業

さで持ちこたえ，家康らは夕方近くになって，毛利勝永や真田信繁が戦死したことにより豊臣方の軍勢は壊滅する。

3 「社会的な見方・考え方」を引き出す授業

(1) 授業づくりのポイント

「社会的な見方・考え方」を引き出す授業は，子どもが主体的・対話的に学ぶ中で深めていくものである。本実践では，次の二つの手立てを考えた。

---
① 子どもが主体的に教材にかかわっていく問いをもたせる。

② 自分の問題をきめるために，子どもがきめる筋道を重視する。

また，歴史を学ぶ上で（人物学習），次の四つを大切にした。

---
① 歴史上の人物の立場に立って考える。

② 歴史上の社会的事象を比較し，関連づけながら考える。

③ 時間的な流れに沿って，原因と結果を関連づけながら考える。

④ ①～③を踏まえて，総合的に考える。

---

(2) 「社会的な見方・考え方」を引き出すために

① 子どもが主体的に教材にかかわっていく問いをもたせる

○問いに対して様々な選択肢を用意する。

「真田幸村は何のために戦ったのか？」この問いが本単元の学習問題である。子どもたちの答えは，「徳川家康を滅ぼすため」「秀頼を守るため」であろう。しかし，それは，単に理解している知識を答えたに過ぎない。社会的な見方・考え方を働かせて考えたわけではない。真田幸村の立場に立って考えた場合，そんな単純な答えだけではないだろう。

例えば，「真田家のため」「家族のため」「武士としての誇りのため」「華やかに散りたい」など様々な理由が考えられる。ここでは，そういう様々な思いを

111

知り，それらを仲間と話し合っていく中で自分の考えを確かにしていくことを大切にしたい。
○問題意識を高める学びの流れを工夫する。

「なぜ真田幸村は，赤備えで戦ったのか」
　本時の学習問題である。でも，ただ赤備えの姿（左写真）を見せても，子どもの問題意識は高まらない。
　そこで，大河ドラマで登場するイケメンの幸村の姿と実際の肖像画の姿を比較したり，幸村の性格やエピソードなどにもふれたりしながら，子どもが調べたいという意欲を高めるようにしたい。

　②　子どもの学びの筋道を重視する
○学習問題を吟味する時間を十分に確保する。
　問い対して自分で吟味する時間を十分に確保したい。そこで，学習問題を導入段階で設定し，子どもが自分の考えを十分に深めるようにした。

学習問題をつくる→仮の予想（直感）
　　→調べる→予想（選択肢の中から選ぶ）
　　　→（本時・仮の予想2）→話し合い→自分の考えをきめる

○内容の比較・関連づけ～順位をきめる～
　子どもは，様々な考えに出会うことで，自分らしい考えを見つけることができる。そこで，調べた内容を仲間と共有し多くの選択肢を考えることにした。そして，その中から三つを選び，ランキングをつける。自分の考えにランキングをつけたのは，子どもがそれぞれの事象の価値を比較しながら根拠をもたせたいからである。
○時間的推移の比較～原因と結果の考察～
　歴史学習では，単なる知識として政治の改革（社会的事象）を学ぶのではなく，

II章　深い学びが生まれる社会科授業

それらを比較したり，互いに関連づけたりして学ぶことを大切にしたい。本授業では，この時間的な見方を働かせながら「大坂夏の陣図屏風」と「大阪冬の陣図屏風」を比較することにした。つまり，「一丸となって突撃している夏の陣」と「守りに徹している冬の陣」の年代順を考えることで，初めは守っていたが（堀を埋められて）仕方なく突撃することになったとか，初めから幸村は突撃したかったのではないのかなどを考えさせたい。

すると，大阪の陣での幸村の戦いは何であったかを考える一つのヒントになると思われる。

③　仲間との話し合いを「きめる」学びに生かす

「真田幸村は何のために戦ったのか？」という問いは，一人で考えるとかなり難しい。そこで，仲間と知恵を合わせることで，子どもが多様な考え方にふれ，自分の考えをきめることができると考えた。そのために，自分の考えを何度も振り返ることや，仲間の考えにふれる場面を多くするようにしたい。協働的な学びのよさを取り上げ，活動を工夫することにした。

4　小単元の目標

「江戸幕府の始まり」について，真田幸村の働き（大阪の陣）や徳川家康が関ヶ原の戦いに勝利を収め，江戸に幕府を開いたことを年表や絵図，資料などを活用して調べ，江戸幕府による政治が始まったことが分かるようにする。

5　小単元の指導計画（7時間）

第一次　関ヶ原の戦いと徳川家康……………………1

第二次　真田幸村と徳川家康……………………5

　第1時　　真田幸村の生涯を概観する

　第2～3時　パンフレットにまとめる

　第4時　　真田幸村と大坂の陣〈本時〉

　第5時　　真田幸村は何のために戦ったのか？

第三次　徳川家康と江戸幕府の始まり………………1

113

6 本時の指導

(1) ねらい

「大阪の陣」について，真田幸村について話し合ったり，「大坂夏の陣図屏風」「大阪冬の陣図屏風」から戦いの様子を読み取ったりしながら，なぜ真田幸村が赤備えで戦ったのかを話し合うことを通して，真田幸村が戦う理由を考える。

○授業構造図

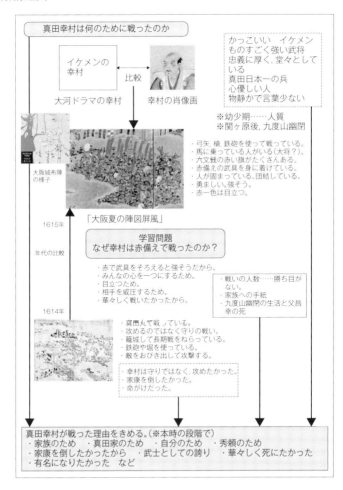

Ⅱ章　深い学びが生まれる社会科授業

(2)　展開

学習活動と内容	・資料　○指導上の留意点　★評価
1　真田幸村の肖像画を見たり，エピソードについて話し合ったりして，幸村の生き方に関心をもつ。	・幸村の写真（大河ドラマ）
(1)　真田幸村は人物として，どのようなイメージがあるかを話し合う。 ・イケメン，かっこいい。 ・さわやかな感じ。 ・忠義に厚く，堂々としている。 ・ものすごく強い武将。 ・大坂の陣で活躍し，日本一の兵と言われた。	○子どもが知っている幸村は，イケメンでヒーローであるというイメージが強いことに気づかせる。
(2)　幸村の肖像画（上田博物館所蔵）と比べて，本当の幸村はどんな人物だったのかを予想する。 ・歯が抜けている。 ・白髪まじりのおじさん。 ・みすぼらしい小男。 （人柄としては） ・心優しい人。 ・物静かで言葉が少ない。 ・腹を立てることも少なかった。	○実際の幸村は，初老の小男だったが，性格としては優しい人だったことをとらえさせたい。 ・「真田幸村画像」上田市立博物館所蔵 ・幸村の資料，年表など ・兄信之の言葉等 ★幸村について関心をもつ。〈態〉【表情・発言】
(3)　真田幸村は，どのような人物であったかを確かめる。 ・名は信繁。大河ドラマの主人公。 ・幼少期は，武田家，上杉家の人質であったが，その後秀吉に出仕する。 ・真田昌幸の次男，兄信之とは関ヶ原の戦いで敵味方となる。 ・関ヶ原の戦いに負け，14年間，高野山の九度山に流される。	○幸村の生い立ちやエピソードを話し合い，何人もの武将に仕えるなど，波瀾万丈な生き方を送ってきたことを確かめる。 ○徳川家康を何度も苦しめたにもかかわらず，最後はあと一歩というところで討ち死にする。そのドラマチックな生涯と最期に多くの人々が心を惹かれていることをとらえさせたい。

115

2 「大坂夏の陣図屏風」（右隻）から戦いの様子を読み取り、幸村の戦いについて話し合う。	・大阪城の写真，地図，布陣図
(1) 戦いが行われた大阪の陣について地図で確かめる。 ・大阪城の周辺で戦場となった。 ・大阪城の南側で主な戦いが行われた。 ・幸村は，最前線の茶臼山（天王寺）を陣地とした。	○大阪城の写真，地図，布陣図もとに，戦いの場所を確認し，戦いの様子をイメージさせたい。
(2) 「大坂夏の陣図屏風」を読み取り，幸村の戦いの様子を話し合う。 ・弓矢，槍，鉄砲を使って戦っている。 ・馬に乗っている人がいる（大将？）。 ・六文銭の赤い旗がたくさんある。 ・赤備えの武具を身に着けている。 ・人が固まっている。団結している。 ・勇ましい。強そう。 ・赤一色は目立つ。	・「大坂夏の陣図屏風」大阪城天守閣所蔵 ○全体と部分（赤備え，旗，目立つもの等），戦いの様子に分けて読み取らせるようにする。 ○家康の陣に突撃したエピソードと結びつけながら，幸村の活躍に目を向けたい。 ○資料から読み取ったことをもとに幸村の気持ちを考えさせたい。
(3) 幸村が赤備えで戦ったときの幸村の思いを話し合う。 なぜ幸村は赤備えで戦ったのか？ ・赤で武具をそろえると強そうだから。 ・みんなの心を一つにするため。 ・目立つため。 ・相手を威圧するため。 ・華々しく戦いたかったから。	○赤のもつイメージや，赤備えで戦う場合のよさについて，身近なことと関連づけて考えるようにしたい。 ○籠城する戦いの有利な点，不利な点という見方で話し合うようにする。 ★戦いの様子を読み取ることができる。〈技〉【ノート・発言】
(4) 「大阪冬の陣図屏風」と比べて，何が違うのか話し合う。 ・真田丸で戦っている。 ・攻めるのではなく守りの戦い。 ・籠城して長期戦をねらっている。	○年代順に並べることで，幸村が守りではなく，攻めることを願っていたことを知り，幸村の戦いの理由を考えさせたい。

Ⅱ章　深い学びが生まれる社会科授業

・鉄砲や堀を使っている。	
・敵をおびき出して攻撃する。	
(5)　夏の陣と冬の陣の年代順に並べ，幸村が(3)の戦いで戦っていた理由を再度考える。	○両軍の人数を示し，幸村は勝てると思っていたのか，なぜ突撃したのかを考えさせたい。
・幸村は守りではなく，攻めたかった。	○幸村の優しい人柄や到底勝ち目のない戦いであったことを確認し，子どもの考えをゆさぶるようにする。
・家康を倒したかった。	
・命がけだった。	
(6)　その他，幸村に関する様々な史実を知らせ，自分の考えをきめるためにゆさぶる。	
・戦いの人数……勝ち目がない。	
・家族への手紙。	
・九度山幽閉の生活と父昌幸の死。	
3　大坂の陣で家康を窮地まで追い詰め，歴史に残る戦いを行った真田幸村が戦った理由をきめる。	○自分が予想したことを振り返り，友達の考えを参考にしながら，自分の考えをきめるようにしたい。
	○「江戸時代の政治」に対して問題意識をもたせたい。
幸村は，何のために戦ったのだろうか？	★幸村の気持ちになって，自分の考えをきめることができる。〈思・判・表〉【ノート・発言】
・家族のため。	
・真田家のため。	
・自分のため。	
・秀頼のため。	
・家康を倒したかったから。	
・武士としての誇り。	
・華々しく死にたかった。	
・有名になりたかった。　　など	

117

■本単元に見られる「深い学び」の姿

　「真田幸村が戦う理由について自分の考えをきめる」と本時の目標にあるように，それぞれの選択肢を吟味し，主体的に自分の考えをきめることとした。その場合，思いつきやいい加減な言葉ではなく，本気で自分なりの根拠をもってきめる。まさに，子どもの「深い学び」の姿といえる。また，仲間の考えのよいところを認めながらも自分の考えを信じていくことによって，子どもはさらに学びを深めていくことができる。また，夏の陣の場面で，負ける戦いと分かっていても最後まで必死に戦ったという武士の考え方や，華となって散りたいという日本人の心情を考えることも子どもの生き方につながる考えの一つといえる。

II章　深い学びが生まれる社会科授業

7 ——

天草四郎と島原・天草一揆
～江戸幕府の始まり②～

1 「江戸幕府の始まり」とは

　「鎖国」の内容は，キリスト教の禁止や海外との貿易の統制などが行われたことを調べ，江戸幕府による政治が安定したことを理解することが目標である。ここでは，年表や資料を活用しながら江戸幕府の政策の鎖国について調べる学習や踏絵の資料を活用しながらキリスト教の取り締まりについて調べる学習を行うことになる。しかし，気をつけたいことは，幕府による政治が安定していく過程を年表にまとめる活動だけでなく，その当時の人々の生き方や考え方にふれることも大切にしたい。

　本実践では，幕府による政治が安定するためのきっかけとして重要な意味をもつ「島原・天草一揆」を取り上げることにした。「島原・天草一揆」では，幕府側の武士，一揆側の浪人，農民（男女）など様々な人々が，それぞれの立場でかかわっているので，人々の働きに目を向けやすく，共感しながら歴史を学ぶことができると考えたからである。また，天草四郎，松平信綱，徳川家光，宮本武蔵など，子どもたちにとって魅力的な人物が登場するので，人物の生き方や考え方にふれながら，わくわくしながら授業に参画していくと思われる。

　本時では，天草四郎，松平信綱などの人物にかかわるエピソードや，戦いの裏話などを盛り込ことにより，人物の目から見た時代の様子を生き生きととらえさせたいと考えた。

119

2 主体的・対話的で深い学びを引き出す教材

(1) 島原・天草一揆について

「島原・天草一揆」は、多くのキリシタンがかかわった江戸時代の大事件である。島原・天草といわれるように、島原地方と海を隔てた天草地方で領民たちが一斉に蜂起した事件でもある。概略は以下の通りである。

島原、天草は、有馬氏、小西氏（キリシタン大名）が治める土地で、キリスト教が盛んな地域であった。しかし、江戸時代になると、両大名は幕府から改易され、新たな藩主（松倉、寺沢）がこの地を治めることになった。彼らは、キリスト教を厳しく取り締まり、重い年貢の負担を領民に課していった。そういうとき、次のようなうわさが流れた。
「天変地異がおこり人が滅亡に瀕するとき（今から25年後）に、16歳の天童があらわれ、キリストの教えを信じるものを救うであろう」

そのうわさ通りに現れたのが、天草四郎であった。キリストの教えを信じるものを救うという予言の下に、以前小西行長の家臣であったキリシタンの浪人たちがこの地に集まってきた。

1637年（寛永14年）10月の終わり、一揆軍は、島原地方の村の代官を次々に襲撃し、島原城を攻撃した。天草では、本渡城や、富岡城などを攻撃した。

12月、一揆軍は島原で合流し、天草四郎を大将として、廃城となっていた原城に集結する。一揆軍は、約3か月間、原城に立て立てこもり、幕府軍と激しい戦いを行うことになる。

翌年2月28日、幕府軍の総攻撃で原城は落城し、一揆軍は老若男女を問わずほとんどの人が殺されることになった。生き残ったのは幕府との内通者であった山田右衛門だけであった。

江戸時代初めに起こった日本の歴史上最大規模の一揆ともいえる「島原・天草一揆」は、次のように、その後の幕府の政策に大きな影響を与えることになった。

・キリスト教の取り締まりを徹底した。キリシタンではないことを仏教寺院で証明させる寺請制度（檀家制度）を導入し、宗門改めを強化した。
・対外関係では、オランダと中国以外の国との通商を閉ざす鎖国体制が整備された。

この一揆は、武断政治から文治政治への大きな転換点となった。これより多くの藩主は、民衆の生活を考えた政治を行うようになった。また、一揆という形の民衆運動もなくなり、直訴という形へと変化していった。

① 一揆軍が強かった理由

この一揆が起きたとき、幕府は簡単に鎮圧できるだろうと考え、3万7000人の一揆軍に対し、板倉重昌を幕府軍大将として3万4000人の幕府軍で戦いに臨んだ。しかし、結果は、幕府軍の惨敗に加え、板倉重昌も討ち

死にすることになった。実は、一揆軍が強かったのには理由があったのである。

まず第一に、農民たちに交じって、武士がいたことである。有馬晴信、小西行長が改易にあった後もその家臣が浪人となってたくさん残っていたのであった。つまり、一揆軍は、ただの農民の集まりではなく、関ヶ原の合戦を経験した優秀な浪人が集っていたのであった。

次に、この土地の農民はキリシタンが多かったことである。農民たちは身分の差がなく、運命共同体であった。そのために一揆軍は、規律正しく統制しやすく組織的であった。島原・天草で起きたこの一揆は、実は計画的であったのである。城を襲って武器庫から武器を集め、戦いの経験のない農民たちを統括

したのである。

　さらに，死をおそれず戦いに挑むことができるように「奇跡」を利用する形で，特殊な衣装を着た神々しい姿の四郎を戦いのシンボルとして祭り上げた。カリスマ的な指導者の存在で奇跡がおこると農民たちを信じさせ，団結させていく。このように，一揆軍は，幕府軍の想像を超える強さで，戦術的に優れた集団だったのである。

　②　一揆の目的は何か？

　島原・天草地方は，キリスト教が盛んな土地であったことから，「島原・天草一揆」はキリスト教の禁止に反対するキリシタン一揆だともいわれてきた。しかし，最近の発掘や古文書の発見により，その目的は，連年続いた凶作・飢饉などに加えて，松倉氏による過重な年貢負担や苛政，キリシタンに対する過酷な取り締まりや迫害などが複雑に絡み合ったものと考えられるようになった。つまり，キリシタン一揆ではなく，藩主の圧政に対する責任回避や幕府がキリシタン弾圧の口実にするためだったのである。

　小豆島（壺井家文書）で偶然発見された矢文には，「キリシタンの信仰については，貧しいものに施しを与えてくれると聞いたから入信したのであって，将軍の命令ならばキリスト教をやめてもかまわない」と述べられている。しかし，「2代にわたる松倉氏の苛政は許すことはできない」とし，「勝家の首を見せてくれたならば死罪となってもかまわない」という趣が書かれていた。

　一揆には，キリスト教を望んで参加した者もいれば，その後も生きるために参加した者もいる。また，自らの正当性を主張して加わった者もいれば，参加を強制されてやむを得ず加わった者もいる。つまり，一揆勢はいろいろな考えをもった者が混じり合った集団であった。そのような多様な集団を統一できたのが天草四郎というカリスマ的な指導者の存在であった。

Ⅱ章　深い学びが生まれる社会科授業

原城に籠城した理由は？

　廃城となった原城に追い詰められたと思われがちだが，原城は，瓦葺の立派な建物で，高さ5mの石垣に囲まれ，海と沼に囲まれた天然の要塞であった。そこで，幕府軍から避難し，「ここで待っていればポルトガル船が応援に来てくれる」と信じて援軍を待っていたともいわれている。つまり，幕府軍に追いつめられて籠城したのではなく，自ら立てこもったのであった。

(2)　決戦，原城での攻防

　1月4日，新しくやってきた幕府の司令官，老中・松平伊豆守信綱（「知恵伊豆」）が原城に到着する。幕府軍12万人が原城を包囲した。何度か武力による攻撃も行ったが，諸大名の寄せ集めの軍はうまく指揮できない。原城の守りは堅い。幕府軍の攻撃は思うようにいかなかった。

　そこで，信綱は，無理に攻めずに食料・弾薬が尽きるのを待つ兵糧攻めを行うことにした。その結果，一揆軍の籠城は3か月間にも及ぶことになった。しかし，信綱は，兵糧攻めをしながらも，別の作戦を行っていくことにした。

　まず，信綱は，甲賀忍者10名を原城に潜入させた。忍者たちは一揆軍の

123

食糧が残り少ないことを確認する。しかし，情報収集の方は地元の言葉（方言）とキリシタン言葉で理解できず，たちまち正体を見破られてしまう。

次に，城壁に穴を掘って秘密の侵入路を作った。しかし，一揆軍に気づかれたため，出口で待ち伏せられ，返り討ちにあった。

また，城内へ通じる地下道（トンネル）を掘らせた。一揆軍も対抗道を掘り，糞尿や煙を流し込んで抵抗したため失敗した。

1638年1月12日には，オランダ船に原城を砲撃させた。半月で400発以上の砲弾を撃ち込んだ。しかし，この砲撃にはあまり効果がなかった。また，参戦している諸大名から，外国に助けを求めるのはよくないと反対されたことによって中止することになった。ただ，この砲撃は，戦いを勝利に導く布石となった。それは，一揆軍がイエズス会に頼り，ポルトガルから援軍が来ると信じていることを信綱は知っていたから，ヨーロッパの艦船から一揆軍を砲撃させたのだ。

つまり，籠城している人々がポルトガルが助けてくれるという希望をなくすことが目的であった。砲撃によって，3万7000人の一揆軍は絶望の闇の底に突き落とされた。

また，信綱は，一揆軍に矢文を放ち，内部分裂を画策した。

「幕府や領主に恨みはありません。私たちが願っているのはキリシタン信仰を認めていただくことだけです」

「今の領主が島原を治めるようになって以来，むごい仕打ちを受けてきました。すべての米を召し上げるばかりでなく，払えないと咎人のように縄をかけられ，目・鼻・口から血が噴き出るほどの拷問を加えられます」

このような矢文のやりとりや，途中で逃げ出してきた人々の証言から，信綱は，一揆軍が一つの考えでまとまっていたのでなく，いろいろな考え方の人が集まっていたことが分かっていたのであった。

Ⅱ章 深い学びが生まれる社会科授業

　一方で，信綱にも迷いもあった。すべてキリシタンの一揆として終わらせたいわけだが，非キリシタンを殺すことや，一度に3万7000人の労働力を失うことにはためらいがあった。そこで，矢文を使って一揆軍にキリスト教をやめるように勧めたのである。

　兵糧攻めが続くと，原城内の弾薬と食料はしだいになくなっていった。一揆軍は原城の断崖絶壁を海まで下り，海藻をとって食料の足しにし始めた。信綱は一揆軍の戦死者を調べ，草や海草しか食べていないことを確認すると，原城の総攻撃を1638年2月28日に定めた。

　しかし，その前日に手柄をねらっていた諸大名が抜け駆けしたため，総攻撃は27日に始まることになった。激しい攻防の末，原城は一日で陥落した。天草四郎をはじめ，籠城していた一揆軍のほぼ全員がここで命を落とすことになった（幕府軍：戦死者1051人，負傷者6743人）。

　7月19日，島原藩主松倉勝家は責任を問われ改易され，後に斬首となった。江戸時代に武士が切腹ではなく斬首されたのは，これ一度きりである。

島原の領民は？

　総攻撃を生きのびた一揆勢の民衆も全員処刑され，たった1人の内通者を除き，老若男女3万7000人がそのまま埋められた。多くの首は長崎の出島や原城跡にさらされた。また，島原半島南部は，この一揆のため民衆が全滅したために，全国各地から移住者が集められることになった。

原城は？

　原城は，城としての機能を復活できないよう，櫓台の隅石のほとんどは外された。

　また，残っていた建造物も焼却し，破壊した石垣で埋めるというように徹底的に処分された。

原城の調査が進む

　原城跡の調査は，平成4年度から本丸地区を中心に継続的に実施され，これまでに築城当時から一揆により幕府軍に破壊されるまでの様子を物語

る多数の遺構と遺物が出土した。十字架，メダイ（聖母マリアのメダルのこと），ロザリオなどのキリシタン関係遺物が人骨とともに出土し，戦いの壮絶さや籠城していた人々の信仰心などが，近年の原城跡の発掘調査の遺品から明らかになった。

(3) 天草四郎陣中旗

　天草四郎が「島原・天草一揆」で使用したとされている「天草四郎陣中旗」は，国の重要文化財として，天草切支丹記念館に所蔵されている。この旗は4か月に及ぶ天草・島原の乱で一揆勢の団結の象徴として崇められていたのである。

　旗は，西ヨーロッパの十字軍旗，ジャンヌ・ダルクの旗とともに世界三大聖旗ともいわれている。旗には戦いでついた血痕や弾丸の貫通した跡が今も残っている。

　また，旗の中央部にはワインを盛った聖杯，その上にキリストを意味する聖体のパンの中に十字架が大きく描かれている。その十字架は干型をしており，この上横一のなかに，「ユダヤ人の王ナザレのイエス」という意味の頭文字「INRI」が記されている。それらの両脇にはアンジョという天使2人が合掌している。

　また，旗には，作者は天草四郎とともに戦い，ただ一人生き残った山田右衛門作といわれている。

※旗の上部の「LOVVADO SEIAOSĀCTISSIM SACRAMENTO」は，古いポルトガル語で「いとも貴き聖体の秘蹟ほめ尊まれたまえ」の意味である。

(4) 島原陣図屏風（戦闘図）について

　「島原陣図屏風（戦闘図）」は，1837年（天保8年），「島原・天草一揆」の様子を描いたもので，島原・天草一揆後200年を記念して，筑前国秋月藩第10代藩主・黒田長元がお抱え絵師に命じて作成させたものである。秋月郷土

館に常設されている。

　1830年（天保元年）から作成が進められ，1837年（天保8年）に完成したものである。この屏風のうち「出陣図」は木付要人，「戦闘図」は斎藤秋圃の作であるといわれている。

　「戦闘図」は，1638年2月28日の原城総攻撃の場面を描き，本丸に攻め込む姿や繰り広げられる激しい戦闘の様相が克明に描かれている。縄で後ろ手に縛られている兵の姿や，腹を突き刺された兵の姿など，生々しい状況がよく分かる。また，幕府からの矢文を受け取って寝返りしようとした一揆軍の絵師が，裏切り者として一揆勢により捕らえられ，縄で縛られ板塀の外に監禁されている姿もある。

　他にも，石垣をよじ登る黒田勢や，投石する一揆軍とともに応戦する老婆など，必死で戦っている様子が読み取れる。

宮崎昌二郎「落城」

原城本丸

○本丸西面の攻防

本丸の石垣

「戦闘図」戦国合戦絵図屏風集成　第五巻

　本丸一番乗りを目指す黒田軍は，城門突破が難しいことが分かると，西面・北面の石垣を登り始めた。しかし，この石垣は高い所で約9mある。完全武装の幕府軍にとって登り切るのは容易なことではない。

　一方，本丸の一揆軍はこれを阻止しようとして，石垣上の板塀の上から用意した石を投げ落とす。あるいは鉄砲で撃ち，槍で突き落とす。

　右下の長井八郎右衛門らがここから攻めかかったが，上から石の他に苦(むしろ)に火をつけて投げ落とされ，下の板塀が燃えて大混乱になった。また，突然白い服を着た老女が上に現れて，長井めがけて石臼を投げ落とした。

　「嶋原一揆談話」の伝えるこうした光景が画面に盛り込まれ，激戦の様子を生々しく伝えている。

　本時では，この資料を取り上げ，じっくり読み取らせていくことにした。しかし，思わず目をそむけてしまいそうになる残酷な場面も描かれているので，子どもたちに読み取らせる場所は，この戦闘図の右側の石垣での攻防の場面を主として取り上げることにした。

(5)　**天草四郎と松平信綱**

①　天草四郎

　本名は益田四郎時貞。関ヶ原の戦いに敗れて斬首された小西行長の家来，益田甚兵衛の子として母の実家のある天草諸島の大矢野島（現在の熊本県上天草市）で生まれる。宇土郡江部村（現在の宇土市）または長崎出身という説もあり，

Ⅱ章　深い学びが生まれる社会科授業

出生地ははっきりしない。益田家は小西氏滅亡後，浪人百姓として一家で宇土に居住したといわれている。

生涯については不明の点が多いが，生まれながらにしてカリスマ性があったといわれている。経済的に恵まれていたので，幼少期から学問に親しみ，優れた教養があったと伝えられている。小西氏の旧臣やキリシタンの間で救世主として神格化された人物と考えられており，様々な奇跡（盲目の少女に触れて視力を取り戻させた，海面を歩いたなど）を起こしたという逸話が数多く残っている。この逸話は，四郎の名声を高めることが目的で，いくつかの福音書の言い伝えを参考に創作されたと思われる。

1637年の「島原・天草一揆」では，カリスマ的な存在で一揆軍の大将となった。戦場では十字架を掲げて軍を率いたと伝えられているが，彼はまだ16歳の少年であるので，実際に一揆を計画・指揮していたのは浪人や庄屋たちだったようである。実は，一揆軍の戦意高揚のために，浪人や庄屋たちに利用されていたと考えられていたのである。

　原城での幕府軍の総攻撃では，本丸にて幕府方の肥後細川藩士・陣佐左衛門に討ち取られたと伝えられている。殺された後に首は切断され，原城三の丸の大手門前，そして長崎出島の正面入り口前に晒された。四郎が本人かどうかの鑑定は，以前から幕府軍に捕えられていた四郎の母（マルタ）が確認した。　　　　　　　　　　（細川藩資料：「肥前国有馬戦記」）

　豊臣秀頼（豊臣秀吉の息子）の落胤であったとする伝説もあるが信憑性は低い。この説は，四郎の馬印が豊臣秀吉のものと同じ瓢箪であることなどから，大坂夏の陣において死亡したはずの秀頼が大坂城を脱出して薩摩へ逃れていたというのが根拠である。豊臣家の権威の糾合を図ったとも考えられている。「豊臣秀綱」という名があったと鹿児島所有の書物に記されている。

② 松平信綱

1596年(慶長元年)大河内久綱の長男として武蔵国(埼玉県)で生まれる。8歳で叔父である松平正綱の養子となり、松平姓を名乗る。3代将軍となる家光の誕生とともに小姓として仕える。28歳で従五位下伊豆守に任官される。家光の死後は4代将軍・家綱に仕え、初期の江戸幕政を支える。島原・天草一揆の鎮定の功で武蔵川越藩主となる。また、慶安事件、明暦の大火などを処理し、その政治手腕は高く評価された。

1662年(寛文2年)に没するまで老中を勤めた。享年67歳。東京都の開発教材「玉川上水をつくる」では、江戸の上水である玉川上水をつくるために活躍した老中でもある。「知恵伊豆」と呼ばれた。これは、幼い頃から才知に富んでいた信綱をイメージしたニックネームで、最初の官職である伊豆守と、知恵が出ずるをかけたものである。

1637年に勃発した島原天草一揆では、幕府は板倉重昌を派して鎮圧を試みたが失敗したため、信綱が指揮することになる。

信綱は原城周辺に山を築き、数多くのやぐらを建て、柵、竹束で前線を固め、兵糧攻めにした。矢文を打ちこんで内部分裂を促したり、忍者を放って内部を探らせるなどの作戦を行った。また、平戸のオランダ商館長ニコラス・クーケバッケルに命じてデ・ライプ号とベッテン号に、海から2週間にわたって原城に艦砲射撃を加えさせた。島原の乱後、信綱はキリシタンの取り締まりの強化や武家諸法度の改正、ポルトガル人の追放を行った。またオランダ人を長崎の出島に移して鎖国制を完成させた。

また、信綱自身は、功績として武蔵(埼玉県)川越藩6万石とともに老中首座の地位を得た。城下町川越の整備、江戸とを結ぶ新河岸川や川越街道の改修整備、玉川上水や野火止用水の開削、農政の振興などにより藩政の基礎を固めた。さらに、家光の死後は、第4代将軍・徳川家綱を支え、振袖火事と呼ばれた明暦の大火の処理にも、その手腕を発揮した。

3 「社会的な見方・考え方」を引き出す授業

本実践では,次のことを重視して授業づくりを行った。

①　子ども一人一人が問題意識をもち,自分自身が授業(教材)にかかわっているという意識をもたせる。
②　仲間とともに調べ,話し合うなど協働学習を仕組む。

まず,「天草四郎陣中旗」を見て,この旗は何を表しているかを問う。子どもたちは,旗の中央部のワインが入った聖杯,聖体のパン,十字架,ローマ字などを取り上げ,キリスト教に関係があるものではないかと予想した。

そこで,この旗は天草四郎をはじめとする一揆軍が掲げていた旗であることを説明した。そして,この旗に込められた意味について話し合った。この旗は,一揆軍の心の拠り所であり,キリスト教の下で団結する証だということを確かめていった。この時代の戦いも自分たちの運動会などの競技と同じようにスローガンを掲げ,仲間と団結することを大切にしたことを説明した。このようにして,「なぜ一揆軍は戦ったのか?」という問題意識を子どもたちにもたせていった。

次に,天草四郎について話し合った。

幼少期から学問に親しみ,優れた教養があったことや,様々な奇跡(盲目の少女に触れて視力を取り戻させた,海面を歩いたなど)をおこしたという逸話を紹介し,「本当にそんな力があったのか」と尋ねた。さすが6年生! ほとんどの子どもたちがそんなことはないと否定した。しかし,なぜそのような逸話が残っているのかと疑問をもたせた。そして,イエス=キリストや聖徳太子などの逸話とも関連づけさせながら,一揆軍の心を一つにして団結させるために天草四郎が神格化されたことを確かめていった。

131

さらに，松平信綱の面白い作戦を紹介した。松平信綱は，「知恵伊豆」と呼ばれた優秀な老中だったこと，4年生のときに学習した玉川兄弟（東京都）を助けた老中だったことを説明した。子どもたちが信綱に親近感をもつことができたところで，次のように聞き，信綱の考えた作戦を予想させた。
「信綱は，兵糧攻めをすることにしたが，何もしないでただ待っていたのだろうか」

　信綱は，忍者作戦，地下道（トンネル）作戦，オランダ船の砲撃，矢文による心理作戦など面白い作戦を行ったが，すべて失敗したことを紹介した。
　ここまでくると，子どもたちは，この戦いはどうやって勝敗がついたのかわくわくしてきた。
　これらの作戦は，次の学習問題を考える上で布石となるので，子どもたちと歴史の面白さを楽しみながら丁寧に扱っていった。子どもたちの問題意識が高まったところで，「島原陣図屏風（戦闘図）」を示し，次のように問うた。
「この絵を見て『おやっ』と思ったところはないか？」

この絵図を見て，天草四郎と幕府軍は原城でどのような戦いを行ったのかを話し合った。
「白髪で白い服を着た老女が石垣の上から何かを投げ落としている」
「松の木に登り，火をつけた苫の束を敵兵めがけて投げようとしている農民がいる」
　また，一方では，そうした防御をかいくぐり，懸命に石垣をよじ登る黒田兵の姿などに注目させた。このように，資料の読み取りをじっくり行い，石垣の攻防の様子に関心をもたせていった。

　子どもたちは，いろいろな見方で絵図を読み取っていったが，しだいに，人物の働きに目を向けていった。
「一揆軍，幕府軍はどっちだろうか？」
「目立つものは何だろう？」
など，読み取る内容を焦点化していった。
　すると，一揆軍は農民だけではなく，女性（老婆）がいること，武士がいることに気づいていった。農民一揆のはずなのに，武士がいることや女性がいることに疑問をもたせ，一揆軍の構成について問題意識をもっていった。
　一方，幕府軍は，石垣を登っている武士が何人もいる。多くの合戦図の中で武士が石垣を登っている姿は珍しい。勝敗をつけ，恩賞をもらいたいという武士の願いや，一揆軍の強さに負けたくないという意気込みなどを予想していった。ただ，このために幕府軍はさらに多くの犠牲者が出たことを付け加えておいた。
　そこで，
「天草四郎たちは，何のために最後まで原城で戦ったのか」
という学習問題を立てた。そして，これまでの学習と関連づけながら，意見を交換していった。

133

子どもたちは、次の四つの理由を考えた。

- キリスト教を認めてほしいから。
- 厳しい年貢をやめてほしいから。
- 助けがくると信じているから。
- 飢饉のために生活が苦しくなったから。

話し合いがある程度進んだら、教科書の「島原（長崎県）や天草（熊本県）で、約3万7000人の人々が、重い年貢の取り立てとキリスト教に対する厳しい取り締まりに反対して一揆を起こしました」を示し、「と」で結ばれた二つの理由を、農民たちの立場になって考えた。

最後に、松平信綱の立場になって、これから幕府や島原では何をしなければいけないのかを考えることにした。平和な世の中をつくるために、幕藩体制を固め、キリスト教の禁止などを進めていくことの必要性を考えることができた。

4 目　標

「鎖国」について、「島原・天草一揆」、絵踏み、天草四郎などの働きを取り上げながら、年表や絵図、資料などを活用して調べ、武士による政治が安定したことが分かる。

5 指導計画（4時間）

第1時　天草四郎と「島原・天草一揆」
第2時　松平信綱と原城総攻撃〈本時〉
第3時　絵踏とキリスト教の取り締まり
第4時　幕藩体制の確立と鎖国への道

Ⅱ章　深い学びが生まれる社会科授業

6　本時の指導

(1) ねらい

「原城の戦い」について，天草四郎や松平信綱のエピソードや，「天草四郎陣中旗」の意味を話し合ったり，「島原陣図屏風（戦闘図）」から戦いの様子を読み取ったりしながら原城総攻撃の様子を調べ，一揆軍が原城で戦い続けた理由について考える。

○授業構造図

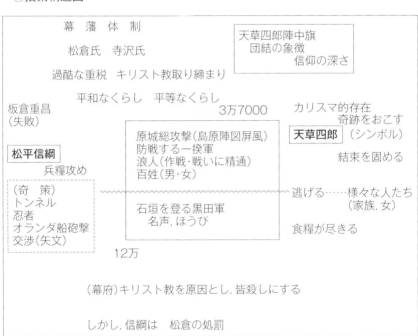

⑵ 展開

学習活動と内容	・資料　○指導上の留意点　★評価
1　「天草四郎陣中旗」，天草四郎の人物像，松平信綱の作戦などを話し合い，島原・天草一揆について関心をもつ。	
⑴　「天草四郎陣中旗」に描かれている絵を読み取りながら，旗が表す意味を話し合う。	・「天草四郎陣中旗」写真 ○一揆軍はキリスト教を信仰することによって，強く団結していたことをとらえさせたい。
・丸いものの上に十字架がある。	
・グラスに何か入っている。	
・天使が２人いる。	
・スローガンだ。	
⑵　肖像画やエピソードをもとに，天草四郎はどんな人物だったのか話し合う。	・「天草四郎」肖像画（想像図） ○天草四郎が不思議な力をもっていたと伝えられたのは，何か理由があるのではという問題意識をもたせたい。
・イケメンである。	
・16歳の少年。	
・不思議な力をもっている。	
⑶　「知恵伊豆」と呼ばれた松平信綱の奇策に関心をもつ。	・「松平信綱」像の写真 ○信綱は兵糧攻めを行うなど，知恵を使って戦ったことをとらえさせる。
・トンネル作戦…………失敗	・原城の写真
・忍者作戦………………失敗	・本丸の写真
・オランダ船の砲撃……非難	○逃げた人もいるが，原城で最後まで戦った人数は３万7000人であったことを知らせる。
・一揆軍との交渉………矢文	
天草四郎は幕府軍とどのように戦ったのか？	★島原・天草一揆の戦いに関心をもつ。〈態〉【表情・発言】
2　「島原陣図屏風」を読み取り，原城での戦いの様子を話し合う。	
⑴　本丸の石垣での戦いを読み取る。	・「島原陣図屏風（戦闘図）」 ○初めは，資料から読み取れることを自由に発表させる。
・石垣のところで戦っている。	
・石垣の上に家がある。	
・石を投げている人がいる。	
・火が投げられている。	

（幕府軍） ・石垣を登っている ・槍をもっている。 ・兜，鎧を着て登っている。 （一揆軍） ・白い服を着た老婆がいる。 ・農民は鉢巻き，着物を着ている。 ・武士がいる。	
(2)　一揆軍の様子を見て，百姓だけでなく，武士がいることを読み取る。 ・一揆なのに農民がいる。 ・武士は，作戦を立てたのかな。 ・四郎は何をしていたのだろう？	○幕府軍，一揆軍の人の様子に着目させ，その違いに目を向けさせたい。 ○一揆軍は，様々な人たちで構成されていることをとらえさせたい。
(3)　天草四郎たちが一揆を起こした理由を話し合う。	○教科書と比べながら一揆の目的を考える。 ○小豆島で発見された矢文を示し，一揆軍の真の目的は過酷な取り立てをやめてほしかったことを説明する。
┌─────────────────────┐ │天草四郎は何のために最後まで原城│ │で戦ったのか。　　　　　　　　　│ └─────────────────────┘	・小豆島で発見された矢文
・キリスト教を認めてほしい。 ・苦しい生活に戻りたくない。 ・キリスト教で団結している。 ・助けがくると信じていたから。	
3　松平信綱の立場になって，幕府は何をしなければならないかを考える。 ・天草四郎の思い（苛政をなくしてあげたい）。 ・民衆のことをしっかり考えた政治が必要だ。 ・キリスト教はきちんと取り締まっていこう。 ・このような一揆を二度と起こさせたくない。	○天草四郎の生け捕りや，松倉氏の処罰のことを知らせ，松平信綱の思いを考えさせたい。 ○これから幕府は，どのような政策を行っていけばよいのかという問題意識をもたせたい。

■ 本単元に見られる「深い学び」の姿

　学校の運動会では、スローガンをもち、仲間と力を合わせて競い合いをすることを大切にする。自分たちの経験と関連づけて「天草四郎陣中旗」の旗に込められた意味について考え、一揆軍はなぜ戦っているのだろうかという問題意識をもつことができた。

　また、天草四郎の逸話では、「本当にそんな力があったのか」と疑問をもつとともに、なぜそのような逸話が残っているのかを考えた。イエス＝キリストや聖徳太子などの逸話とも関連づけながら、一揆軍の心を一つにして団結させるために天草四郎が神格化されたということを伝える。

　これらの話し合いは、子どもの知的好奇心を引き出すことにつながった。このような活動の積み重ねが「深い学び」へつながっていくと考える。

　また、信綱の忍者作戦、地下道（トンネル）作戦、オランダ船の砲撃、矢文による心理作戦などの作戦について、その結果を予想する活動で、歴史の面白さを楽しむことができた。

　「島原陣図屏風（戦闘図）」の読み取りでは、農民一揆のはずなのに、武士のような人がいることから、一揆軍の構成について考えた。多くの合戦図には武士が石垣を登っていることはほとんどない。しかし、ここでの石垣を登っている幕府軍の姿から勝敗をつけ、恩賞をもらおうとする武士の願いに気づくことができた。このように一つの資料から様々な見方や考

え方を出し合いながら粘り強く問い続けることができた。

　教科書の「島原（長崎県）や天草（熊本県）で，約3万7000人の人々が，重い年貢の取り立てとキリスト教に対する厳しい取り締まりに反対して一揆を起こしました」を示し，「と」で結ばれた二つの理由を，農民たちの立場になって考えた。また，松平信綱の立場になって，これから幕府や島原では何をしなければいけないのかを考えた。平和な世の中をつくるためには，幕藩体制を固め，キリスト教の禁止などを進めていくことが必要なことをとらえることができた。

　このように，形だけの問題解決ではなく，子どもが真剣に問題に立ち向かい（挑戦），仲間とともに話し合っていく（協働）姿こそ「深い学び」といえよう。

8

明治維新で一番活躍した人は
だれか？

~新しい時代の幕あけ~

1 「黒船の来航，廃藩置県や四民平等などの改革，文明開化」とは

　ここでは，幕末から明治の初めの頃，我が国が明治維新を機に欧米の文化を取り入れつつ近代化を進めたことを理解することがねらいである。

　本単元では，社会の変化が激しいために扱う歴史上の事象が多い。また，多くの人物が登場する。そのために，一人の人物の生き方を追いながら学習を進めることは難しい。そこで，「新政府をつくるために誰がどのように活躍したか？」などの問いを設けて，当時の欧米諸国はアジア進出を進めたこと，黒船の来航後に近代化が進み欧米の文化が取り入れられたこと，明治政府が廃藩置県や四民平等など諸改革を行ったことについて調べることになる。

黒船の来航

・ペリーが率いる米国艦隊の来航をきっかけに我が国が開国したことや，江戸幕府の政権返上に伴い勝海舟と西郷隆盛の話し合いにより江戸城の明け渡しが行われたこと。

廃藩置県や四民平等などの改革

・西郷隆盛，大久保利通，木戸孝允らの働きによって明治天皇を中心とした新政府がつくられたこと。

・明治天皇の名による五箇条の御誓文が発布され，新政府の方針が示されたこと。

140

Ⅱ章　深い学びが生まれる社会科授業

・明治政府が行った廃藩置県や四民平等などの諸改革によって近代国家と
　しての政治や社会の新たな仕組みが整ったこと。

文明開化

・福澤諭吉が欧米の思想を紹介するなど，欧米の文化が広く取り入れられ
　たことにより人々の生活が大きく変化したこと。

　つまり，西郷隆盛，大久保利通，木戸孝允などの人物のエピソードや資料な
どを基に明治政府の諸改革について調べる学習を行うことになる。その際，写
真や絵画などの資料から世の中の様子や人物の業績に関する情報を適切に読み
取る技能，調べたことを年表や図表などに適切に整理する技能などを身に付け
るようにすることが大切である。また，この頃の政治の仕組みや世の中の様子
の変化を考え，文章で記述したり説明したりすることできるようにする。

2　主体的・対話的で深い学びを引き出す教材

⑴　歴史上の人物を選択する学習と明治維新

　本単元は，明治維新をきっかけに，欧米の文化を進んで取り入れながら我が
国の近代化が進められていったことを，人物の働きを通して理解することがね
らいである。江戸時代までの学習では，扱う人物が少なく，また，時代背景と
人物の業績がほぼ一致するので，人物を中心とした学習が比較的容易である。
しかし，明治以降の学習では，社会の変化が急なため，扱う歴史的事象が多い。
また，群像の時代といわれるように多くの人物が登場する。そのために，一人
の人物の生き方を追いながら明治維新や近代化を学習することは難しい。ただ
業績のある人物を調べるのであれば，かえって学習の展開を難しくし，人物と
歴史的事象の暗記に終わってしまう。

　一方，この時代は，大人も子どもも関心が深く，明治維新前後に活躍した歴
史上の人物や歴史上の主な事象に関する資料が大変多い。この学習をする前に，
ほとんどの子どもが何人かの歴史上の人物の名前を知っている。歴史の学習は，
小学校の子どもに分かる資料が少ないといわれるが，この明治維新前後の時

141

代は子どもにも分かる資料が十分にある。また，子どもの家族も歴史上の人物については多くの知識があり，子どもの相談にも乗りやすいという利点がある。

そこで，本単元では，子ども一人一人の人物に対する思いやかかわりを大切にしたいと思い，子どもが歴史上の人物を選択して調べていくことにした。歴史とは，人間の決断の中で繰り返される人生のドラマの重なりでもある。そのため，多くの人々の足跡を自分で調べ，たどることが大切だと考える。幕末の動乱期の中で，明日を目指して決断と行動を繰り返す若き志士たちの業績を調べ，その人物の気持ちや願いに触れさせることで，子ども一人一人が明治維新という時代像をしっかりイメージできるのではないかと考えた。

(2) 歴史上の人物を選ぶ学習

　高杉晋作，木戸孝允，伊藤博文，山形有朋。彼等は，幕末から維新へ，日本の大舞台を駆け抜け，時代の中心を担った者たちである。しかし，彼らには共通したものがあった。それは，松下村塾の門弟であったことである。松下村塾とは，安政の大獄で処刑された吉田松陰の私塾で，幕末の有能な志士たちを多く送り出したことで有名である。

　明治への時代の変革期において，吉田松陰ほど後世に影響を与えた人物はいないであろう。来たるべき維新の方向を指し示し，彼の教えを受けた者によって，明治維新が成し遂げられたのだ。

　「自分は，十分に教えることはできないが，一緒に勉強することはできる」と塾生に言った松陰の教育は，ただ知識として，または，仕官の手段としての学問ではなかった。それは，自分の生き方や実践のために役立つ学問を教えようとするものであった。急激な時代の変化の中で，自分で考える力，自分で問題を見つけ解決する力，さらに自分の力で知識を獲得する力，討論する力を育てることを重視した。また，互いに信頼し，尊重して，心を開き，門下生の一人一人の個性を伸ばす教育を行っていた。

II章　深い学びが生まれる社会科授業

　今の時代は，第二の明治維新に例えられるように変革の時代である。一人一人がしっかりと時代を見つめ，自分の力で切り開いていかなくてはならない時代である。新しい時代を迎える今，一人一人を大切にした個性を伸ばすことや，未来に向かって一人一人が参画していく力を育てる教育は，松陰の教育に学ぶことができる。木戸孝允や伊藤博文のように新しい時代の担い手を育てるためには，松陰のように未来を見据えた教育が必要になってくると思う。

⑶　明治維新で活躍する人物

　子どもが人物を調べる場合，何をやっていいか分からない子どもには，次のようなことを指導したい。

①　人物を調べる資料が分からない	→	人物事典を見て調べる。
②　人物の経歴・業績が分からない	→	伝記の最後の年表を参考にする。
③　人物の経歴の調べ方	→	一生をすべて追う必要はない。 明治維新前後を中心にする。 大事な事項だけ（家族の死，移転，業績，本人の死）。
④　伝記の読み方	→	よりよく生きるための努力（人のため，社会のためにつくす，時代の要望，偉大な能力）。

　ただ人物について調べなさいと子どもに言っても，人物の何を調べるといいかが分からない。例えば次の表のように調べることを教師は事前に理解しておくようにしたい。表の内容を教師が理解しておくと，活動の中で具体的な指導がしやすくなる（太字は，エピソード，生き方）。

調べる人物	調べる内容	業　　績
ペリー	・ペリーの来航と幕府の対応。 ・日米和親条約のあらまし。 ・他の国とも条約を結んだ。	・1853年，浦賀沖に来航した。 ・1854年，日米和親条約を結ぶ。

143

	・琉球と小笠原の占有を提案。	
勝海舟	・ペリー来航の際に，幕府に対して人材の登用や海防の強化の意見書を出した。 ・咸臨丸の艦長として太平洋横断に成功。 ・江戸城無血開城に臨んだ勝の決意。 ・自分の置かれた立場に偏せず，常に日本の将来のことを考えて行動した。	・政府軍の西郷と会見し，江戸城を無血開城した。
西郷隆盛	・大久保利通との人間関係を通して見た隆盛の生き方。 ・人柄と指導力，政治に対する考え方。 ・江戸城無血開城時の会見と考え。 ・征韓論の意味と西南戦争を起こした訳。 ・自分の考え方を貫いた隆盛の誠実な生き方や行動力。 ・群方書役のとき……「愛民，愛農」。	・長州や土佐と同盟し幕府を倒した。 ・平和のうちに江戸城明け渡しをした。
大久保利通	・薩長同盟後，討幕派の中心として活躍し王政復古を実現させた。 ・版籍奉還を実施。廃藩置県を断行し，中央集権体制の基礎を築いた。 ・岩倉具視とともに欧米の様子を視察。 ・征韓論を退け，西南戦争を鎮めた。 ・様々な改革を実現させていった意志と行動力，粘り強さ。	・薩摩藩の指導者として討幕運動を推し進めた。 ・新政府の中心となって様々な政治改革をした。
木戸孝允	・高杉晋作らと長州藩の指導者として活躍。	・明治維新を成功に導いた。 ・維新後は，新政府の中心とな

	・新政府の中心として改革を進めた。 ・征韓論では西郷と対立。 ・台湾出兵では大久保と対立。 ・政治家として強い意志を貫いた。	り近代国家の基礎を築いた。 ・五箇条の御誓文をまとめるのに力を貸した。
明治天皇	・五箇条の御誓文。 ・王政復古を実現。明治の新政府を成立。 ・自らを厳しく律し，多難な明治時代を乗り越えた。	・明治の新政府を指導，近代化に貢献。 ・五箇条の御誓文を発布……新政府の基本方針を示す。 ・伊藤博文をヨーロッパに派遣。
福澤諭吉	・身分制度に疑問をもち，学問を修めた。 ・3回，欧米に渡り，西洋文化の様子を伝えた。 ・『学問ノススメ』を著し，人間の平等や個人の権利について説いた。 ・身分が低い。身分制度に強い不満。 ・世の中の動きに鋭い先見性をもつ。	・欧米の進んだ文化・思想を紹介し，近代日本における人間や国家の在り方を説いた。
伊藤博文	・尊皇攘夷運動を推し進めた。 ・吉田松陰の影響を受ける。 ・維新後は，政府の中心人物として憲法の制定や国会の開設にかかわった。	・明治時代の政治をリードした。
坂本龍馬	・ペリー来航に刺激され，攘夷を進める。 ・海軍・海外貿易振興に志をいだく。 ・勝海舟の門に入る。 ・海援隊をつくる。 ・船中八策をねる。 ・大政奉還を成功させる。	

徳川慶喜	・フランスの援助で，幕政改革を行う。 ・公武合体の政策を進める。 ・大政奉還を行う。	・大政奉還を行う。
高杉晋作	・松下村塾に入る。 ・奇兵隊をつくる。 ・長州藩を討幕に向けた。	

(4) 人物関係図と深い学び
① 人物関係図をつくる

　人物関係図とは，子どもたちが調べた人物を関係図に表してまとめたものである。明治維新で活躍した人物にはそれぞれの願いや思いがある。そのことを吹き出しなどで表していく。また，その人物の働きなどを人物の絵や写真に書き表していく。人と人との関係を考えながら線でつなげていく作業なので，子どもにとってまとめの学習として楽しい活動である。

　また，それぞれの人物は，人物同士で「協力」「対立」「○○関係」などの関係がある。それを結んでいくようにする。すると，人物同士の線が複雑になり，明治維新の中心人物が明らかになってくる。

　この実践では，子どもの社会的な見方・考え方が深まるように，学習問題を，
「明治維新で一番活躍した人物は誰か？」
とした。子どもは多くの人物を調べる前に予想をし，その人物を中心にして他の人物を調べていくと思われる。また，でき上がった人物関係図を友達同士で見合うことによって学びは深まっていく。

② 人物関係図のつくり方
　最近では，テレビの番組欄やドラマのホームページなどで人物関係図をよく

目にするようになった。一般的なつくり方は次の通りである。

　まず，用紙を四分割し，紙の中心に中心人物（予想した人物）を書く。時間の流れに従って人物を時計回りに登場させていく。時間の流れを四分割しておくと分かりやすい。時間がさらに進んでいくと，四分割した間にその人物を書いていく。登場人物たちには，それぞれに思いや願い，関係や立場があるので，それを線や矢印でつなげていくとよい。人物には写真を使ったり，それぞれの関係によって線や矢印を色分けしたりすると分かりやすい。人物同士の関係が深いと線が複雑になってくるのでよく分かる。

3　目　　標

　黒船の来航，廃藩置県や四民平等などの改革，文明開化などについて，日本の近代化を進めた人物を選択し，地図や年表などの資料でその働きを調べ人物関係図にまとめたり，世の中の様子や人物の考え方を友達と話し合ったりすることを通して，日本が明治維新を機に欧米の文化を取り入れつつ近代化を進めたことを理解するようにする。

①　単元構想図1

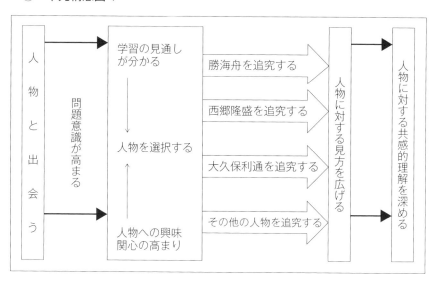

② 単元構想図2

| 人物と出会う | ・吉田松陰との出会い
・時代背景……年表（ペリー）
・松陰の考え方を知る
　（新しい世の中への希望）
・時代背景……明治維新の動乱 |

・学習問題を立てる
　(仮) ○○は、どのような考えをもち、明治維新に活躍したのだろう

| 人物の選択 | ・選択して調べる意味を話し合う
・人物を選択する(仮)……人物を知る（教科書等）
・予想を立てる　　　　　　→教師準備資料
・調べる計画を立てる　　　　（人物の説明）
　　・学習の計画表をつくる
　　・資料をどうするか
・友達と情報交換する |

| 人物を調べる | ・人物の業績や考え方を調べる
　（教科書，資料集，集めた資料，学習図書）
・年表を使って歴史的事象を調べる
・人物の業績を調べる
・時代に対する人物の考え方を調べる |

| 人物に対する見方を広げる | ・調べたことを発表する
・友達と情報交換を行う
　・同じ見方，違う見方（人物，明治維新） |

| 人物に対する共感的な理解を深める | ・人物，明治維新について話し合う
・自分の調べた人物について振り返る
・学習全体に対して評価する |

Ⅱ章　深い学びが生まれる社会科授業

4 指導計画（7 時間）

〈第 1 時〉

学習活動と内容	・資料　○指導上の留意点
1　吉田松陰の肖像画を見て，気づいたことを話し合う。 ・服装，表情，目鼻立ち等	・松陰の肖像画 ○人物との出会いの仕方を工夫する。 ○第一印象を大事にする。
吉田松陰はどのような考えをもっていたのか。	○人物の働きを意識するようにしたい。
2　ビデオを見て，黒船来航と外国の様子を知る。 3　松陰が生きた時代の様子を本人の業績と関連づけて，年表にまとめる。 4　年表を見て，話し合う。 ・松下村塾という塾を開いたんだ。 ・塾生に有名な人がたくさんいる。 ・最後は，処刑されたんだ。	・ビデオ（黒船来航。5 分に編集） ・年表，地図 ○エピソードを交えた資料を用意する。
5　資料を見て，松陰の考え方について話し合う。 ・松陰は，頭がよい人だった。 ・これからの時代を考えている。 ・この時代にこんなことを考えたのはすごい。	・「二つの山」などの文章資料 ○自分の考えは吹き出しに書くようにする。
6　年表を見て，これからの時代がどのように変わったか確かめる。 　・年表を見て，発表する。 7　自分がこの時代に生きていたなら，こんな日本にしたいという考えをワークシートに書く。	・年表 ○年表で時代の様子を確かめる用意をする。 ・ワークシート
8　学習の振り返りカードを書く。	・評価カード

149

〈第2時〉

学習活動と内容	・資料　○指導上の留意点
1　明治維新で活躍した人物には，どういう人がいるのか話し合う。 ・大久保利通，坂本龍馬，西郷隆盛，徳川慶喜，勝海舟，木戸孝允　など	・教科書 ・資料集 ○人物に興味をもつようにする。 ○新しい世の中は，人物の働きによることを知らせる。
2　学習問題について話し合う。 (1)　学習問題を立てる。 明治維新を推し進めた人々は，どのような世の中を願い，活躍したのだろう。 (2)　選択して調べる意味を話し合う。 ・人物が目指したこと。 ・複数の人物を調べること。 ・人物を選択して調べ，情報を交換すること。	○一人一人に応じて調べ方を助言する（その人の業績，目指していたこと・願い，その人の悩み）。 ○選択する意味を一人一人にしっかり理解させる。 ○選択して調べる意味が分かる。
3　学習の計画を立てる。 (1)　調べたい人物を人物の紹介カードを使って，数人挙げる。 ・西郷か大久保だなあ。 ・坂本龍馬か慶喜がいいなあ。 (2)　使う資料や調べる方法と関連付けて，学習の見通しをもつ。 ・西郷は，前に本を読んだことがある。 ・慶喜は，テレビで見たからよく知っている。 ・坂本龍馬は，図書館に本があった。 (3)　自分が調べる人物を選択する。	・人物カード ・教科書，資料集 ○エピソードに触れ，共感的な気持ちを大事にしたい。

II章　深い学びが生まれる社会科授業

4　選んだ人物を主語に，自分の学習問題を立てる。 （西郷）は，どのような世の中を願い，活躍したのだろう。（例）	・人物カード ○自分の学習問題を設定し，予想をもつようにする。 ○人物を主語にして，学習問題を書くようにする。
5　学習問題に対して自分なりの予想をする。 ・西郷は，たくさんの政策をつくったのか。 ・人とのかかわりを大事にし，話し合った。 ・薩摩の偉い人になり，改革をしたのだろう。	
6　学習の計画表をつくる。 ⑴　調べる方法を選択する。 ・調べる目的を確認する。 ・調べる資料の種類や特徴を知る。 ・望ましい資料をいくつか選択する。 ・それぞれの資料の効果について吟味する。 ・調べる方法を選ぶ。 ⑵　学習の計画表を作成する。	○調べる資料を見つけられるようにする。 手持ちの資料 　・教科書，副読本 そうでない資料 　・教師作成資料 　・図書室の本 　・書店で購入する
7　友達と情報交換をし，自分の計画を振り返る。場合によっては，自分の計画を再考する。	○友達と比較し，自分の考えに自信をもたせたい。
8　学習の振り返りカードを書く。	・評価カード

151

〈第3時〉

学習活動と内容	・資料　○指導上の留意点
1　自分の予想を確かめるために調べることを確かめる。 　　人物について調べよう！	○本時のめあてが分かる。
2　自分が選択した人物を調べる（調べ1）。 ⑴　学習問題，予想を書く。 ⑵　人物の行ったこと（業績）を調べ，年表にまとめる。 　①　年表に人物の業績を書く。 　　・行ったこと 　　・一人か，誰とか 　②　当時の大きな出来事を横に書く。 　③　業績の内容を調べる。 　　・どんなことか。 　　・なぜ行われたのか。 　　・その結果どうなったか。	・人物の年表 ○選択した人物について，資料を使って調べるようにする（業績，時代背景など）。 ○後に関係図をつくるので，人物が誰と行ったかに気をつけたい。
3　友達と情報交換を行い，自分の学習状況や資料の使い方を確かめる。 ・人物の年表は終わった。 ・業績の意味が分からない。 ・どの資料がよく分かるかな。	○調べる活動の真ん中で相互評価をさせ，新たなめあてをもたせたい。
4　調べの続きを行う（調べ2）。	
5　情報交換をし，学習状況や資料の使い方を伝え合う。 ・人物の一生がよく分かった。 ・その資料は，次で使ってみるよ。 ・図書室で資料を探してみるよ。	○自分の学習を振り返るようにする。
6　学習の振り返りカードを書く。	・評価カード

152

II章　深い学びが生まれる社会科授業

〈第4時〉

学習活動と内容	・資料　○指導上の留意点
1　今日の学習の見通しをもつ。 人物の働きについて調べ，人物の気持ちや考えを吹き出しにまとめよう。	○本時の学習の見通しがもてるようにする。
2　前回の続きをする。 ○人物の考え方，願いについて調べたことを整理する。 　①　人物の人柄をまとめる。 　　・容姿，表情 　　・幼い頃や家族の様子 　　・エピソード 　②　人物の業績と関連づけて，人物の願い，悩みなどを整理する。 　　・業績を行う前 　　・決断したとき 　　・業績を行った後 　　・その結果を見て	・前時で人物について調べたもの ○自分が選択した人物について，資料を使って調べたことを整理するようにする。 ○人柄，人物の願い，悩みなど，自分が選択した人物について整理するようにする。
3　友達と情報交換を行い，自分の学習状況や資料の使い方を確かめる。 ・人物の幼い頃が分かった。 ・人物はこんなことを考えていた。 ・残念だっただろうなあ。	○自分の学習状況を振り返るようにする。
4　人物について調べる。	
5　調べたことを，その人物になったつもりで吹き出しにまとめる。 ・私は，こんな世の中を願っていました。 ・なぜかというと……。 ・でも残念なことは……。	○調べたことをまとめることができる（自己評価）。
6　学習の振り返りカードを書く。	・評価カード

153

〈第5時〉

学習活動と内容	・資料　○指導上の留意点
1　調べ学習の感想を発表し合うことを知る。 友達と情報を交換し合って，人物について詳しくなろう。	○本時の学習の見通しがもてるようにする。
2　友達と調べたことについて，情報を交換し合う。 ⑴　情報交換の目的，方法，時間を確かめる。 ⑵　情報交換を行う。 　①　情報交換の内容 　　・学習問題と関連づけて，吹き出しを中心に伝え合う。 　　・友達と同じところ，自分の考えと違うところをメモする。 　　・世の中の様子と人物の願いを関連づけて伝える。 　②　情報交換の方法 　　・同じ点，違う点を意識して情報交換をする。 　　・できるだけ多くの友達と情報を交換する。	○調べたことを友達に伝えることができる。また，友達の調べたことと自分の考えを比較することができる。
3　情報交換したことを発表し合う。 ・同じだったことは……。 ・違うところは……。	○情報交換したことを二つの視点で発表させる。
4　話し合ったことで，考えたことをまとめる。	○自分の考えをまとめて書くようにする。
5　学習の振り返りカードを書く。	・評価カード

Ⅱ章　深い学びが生まれる社会科授業

〈第6・7時〉

学習活動と内容	・資料　○指導上の留意点
1　今日の学習の見通しをもつ。 人物の働きについて調べたことを話し合い，人物関係図にまとめよう。	○本時の学習の見通しがもてるようにする。
2　明治維新に活躍した人物について話し合う。 ・新しい国づくりのために，人々が明治維新を行った。 ・外国に負けないために，明治維新を行った。	○学習した内容を整理し，一般化するようにする。
3　人物関係図に調べたことをまとめる。 ⑴　方法を確かめる。 ・まとめの意味を確かめる。 ・活動の時間を確かめる。 ・学習問題と関連づける。 ⑵　人物関係図をつくる。 ・吹き出しの形で簡単にまとめる。 ・人物と人物に線を引く。 ・線を引いた理由をコメントする。 ⑶　「明治維新で一番活躍した人物は……」という書き出しで，選んだ人物，その理由を書く。	・人物関係図 ○自分が予想した人物を紙面の中心にして相関図をつくるようにする。 ○人物と人物との関係は直線や矢印で結び，その理由を記すようにする。 ○人物関係図や友達の様子を見て，自分の選んだ人物が一番だったかどうか再考するようにしたい。
4　学習の振り返りカードを書く。	・評価カード

■本単元に見られる「深い学び」の姿

　子どもがより深く学ぶためには，教師がちょっとしたしかけをするとよい。通常の授業ならば学習問題を，

「明治維新ではどのような人物が活躍したのか？」

とすると思われる。この学習問題を，

155

「明治維新で一番活躍した人物は誰か？」
と問うようにすると，子どもたちの活動が変わってくる。

　この学習問題だと予想が「○○」となる。すると，まず,紙の中心に「○○」を書き，その周りに他の人物を並べていくことになる。しかし，この「○○」が中心人物ではなかった場合，「○○」と別な場所で密接な関係図がつくられていくことになる。すると，自分の予想がはずれていたことが一目で分かる。また，このようにまとめたり，人物をランキングしたりすることによって，子どもはたくさんの見方を働かせたくなる。どのように線を引くか，人物にどのようにランクづけをするかなど，思考を大いに働かせなければならなくなる。また，子ども同士でそれぞれの作品を見せ合い，対話をすることによって，自分と違った考えに出会ったり，共感したりして自分の見方・考え方が広がっていく。つまり，人物関係図をつくる活動こそが深い学びの一歩であるともいえる。

1	関心・意欲
2	主体性
3	めあてをもった取り組み
4	計画性（見通し）
5	友達への働きかけ
6	友達のよさの取り入れ
7	思考
8	判断（自己決定）
9	理解
10	自我有能感
11	自我効力感

　このように子どもの活動中心の授業を行うと，子ども一人一人の活動が見えにくくなる。子どもにとっては楽しい活動ではあるが，45分の授業の中で子どもがどのように変容したかが見取りにくい。机間巡視はもちろんだが，子どもの内面を探るために，「振り返りカード」を用意し，授業の終わりに書かせるようにしたい。授業を振り返ることによって，次の時間のめあてを考えさせたい。次ページは私がかつて活用したカードの例である。このカードは項目がたくさんあるので，教師のねらいに応じて文言を吟味して行うとよい。

II章　深い学びが生まれる社会科授業

振り返りカード

6年　　組　名前（　　　　　　　　　）
1つ選んで，当てはまる番号に○をつけてください。

とてもそう思う　まあそう思う　わりとそう思う　ぜんぜんそう思わない

1　今日の学習は楽しかった。………………………… 1　　2　　3　　4
2　進んで学習をした。………………………………… 1　　2　　3　　4
3　学習のめあてをもって学習をした。……………… 1　　2　　3　　4
4　見通し（計画）をもって学習をした。…………… 1　　2　　3　　4
5　友達に声をかけた。教えてあげた。……………… 1　　2　　3　　4
6　友達のよいところを取り入れた。………………… 1　　2　　3　　4
7　よく考えて学習をした。…………………………… 1　　2　　3　　4
8　考えたことを自分で決めて学習をした。………… 1　　2　　3　　4
9　よく分かった。……………………………………… 1　　2　　3　　4
10　自分もできると思った。…………………………… 1　　2　　3　　4
11　やったーという気持ちをもった。………………… 1　　2　　3　　4

〈そのほかに〉………　分からなかったこと，知りたいこと　など

〈友達のここをいただき！〉……○○さんのここをまねしたい。

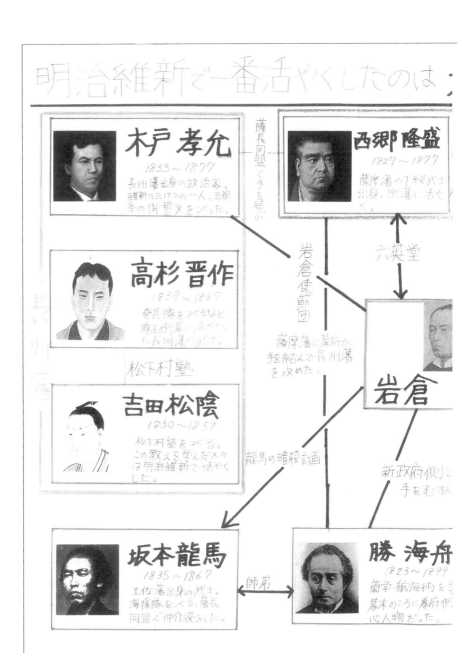

Ⅱ章　深い学びが生まれる社会科授業

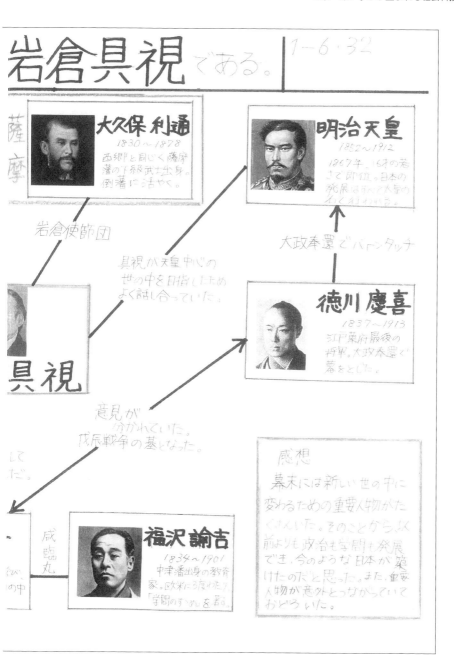

明治維新で一番活躍したのは 福沢

 勝 海舟　　仲が悪い　　徳川 慶喜

勝は咸臨丸で渡米する際に、艦長でないから用意などは全部やれというと非常に関しきって、そうして今度、明治が様に引っ張り出されとなってちょうなどと言ってそうです。

代々将軍の後の慶喜は4番目の息子で、徳川宗家を継いでいたが大政を捧げることを決心しました。理由は朝廷に伝えました。

咸臨丸で一緒に渡来

適塾

大久保

大久保利通は日本の地階的身分階級を一掃し明治維新の元勲であり「維新の三傑」と称される。

師弟

坂本 龍馬 (1835～67)

土佐藩（高知県）出身。勝と同師の仲で、海援隊を結成しました。新しい日本の方向、という考え方をもっていましたが、明治維新を見ることなく暗殺されました。

福沢 言

は外国の政治ションで文明慶応義塾の創

尊敬しあっていた

 西郷 隆盛

明治六年の政変で政府を去ったあと鹿児島に私立学校をつくりました。生徒たちにおされて戦いますが最期は自害しました。

薩長同盟の駆引き

 木戸 孝允

高杉晋作

62年、上海の中にも来ていたところの日本は外国人たいの物に色んなぼう、大平天国軍の速さでせまり、大砲の音が間にあるというほどひどい状況でした。

倒幕
運動

木戸は「今は上のように各自が山を高くし外国に対してもてがまとまっていない。今後は下のように乾を頂点として一体となり天皇の政府を支えれば外国はおそれなくてすむ」と考えました。

松下村塾

諭吉である 1-6・21

緒方洪庵
緒方洪庵は、医師として働く一方で、適塾を開いて医学以外の蘭学も教えたので、橋本左内・福沢諭吉・村田蔵六などの人材が集まり育っていった。

大隈重信 (1838〜1922)
肥前藩(佐賀県)出身。国会の即時開設と政党内閣を主張し、伊藤らと対立。明治14年の政変で政府を追われました。翌年に政党を結成しました。

明治天皇全国御巡幸

利通
薩摩士。政治化。動二年。西郷・木戸と並んで「維新

日本の国益のために頑張った政治家

諭吉 (1834〜1901)
適塾で学び西洋事情を紹介し、ひとりだち「時代」と訳しました。学者です。

岩倉具視
岩倉具視は岩倉朝臣出身ルートで、名家出身ながらも、欧米の国々を見学し、その長所などを、日本に取り入れられるために派遣されました。

協力して明治政府をつくる

伊藤博文
長州藩の下級武士の貧しい家に生まれました。吉田松陰に学び、尊王攘夷運動に加わりました。

そこまで仲がよくない

幼なじみ

明学信奉者

松下村塾

松下村塾

吉田松陰 (1820〜59)
長州藩(山口県)出身。松下村塾で伊藤博文らを育てました。のちに幕府に反対し、安政の大獄で処刑されました。

29歳

ちなみに

明治天皇 (1852〜1912)
1867年に16歳で即位し、...

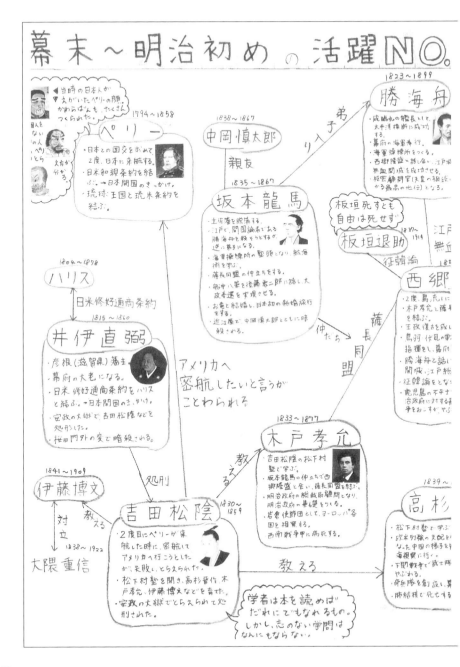

II章 深い学びが生まれる社会科授業

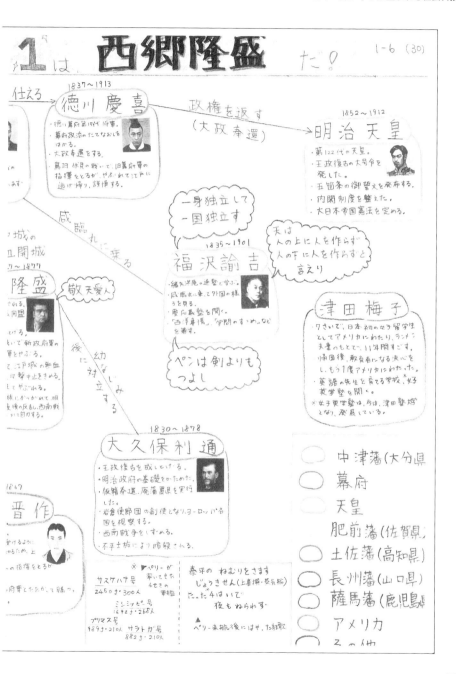

【著者紹介】

山下　真一（やました　しんいち）

筑波大学附属小学校教諭

1959年福岡県出身。東京学芸大学卒業。東京都公立小学校教諭を経て，現職

筑波大学非常勤講師，小学校社会科教科書（教育出版）執筆者

近年の著書に，『「授業構造図」でよくわかる！　小学校社会科　はじめての問題解決的な授業づくり』（明治図書出版），『10分で読めるわくわく社会』シリーズ（全3巻，監修，成美堂出版），『メイとロロの学べるめいろ　日本一周』（監修，イースト・プレス）他

山下真一の「深い学び」をつくる社会科授業　6年

2019（令和元）年6月14日　初版第1刷発行

著　者：山下　真一
発行者：錦織　圭之介
発行所：株式会社東洋館出版社
　　　　〒113-0021　東京都文京区本駒込5丁目16番7号
　　　　営業部　電話03-3823-9206　FAX03-3823-9208
　　　　編集部　電話03-3823-9207　FAX03-3823-9209
　　　　振　替　00180-7-96823
　　　　URL　http://www.toyokan.co.jp
印刷・製本：藤原印刷株式会社
デザイン：宮澤　新一（藤原印刷株式会社）

ISBN978-4-491-03717-2
Printed in Japan